本书获国家自然科学基金
项目（71101012）资助

京师心理研究书系

03

如何有效选拔研究生

——人力资源选拔的视角

孙晓敏　著

Selecting Successful Graduate Students: What and How

北京师范大学出版集团
BEIJING NORMAL UNIVERSITY PUBLISHING GROUP
北京师范大学出版社

序

研究生教育是培养高科技人才的重要途径，如何有效选拔本科毕业生进入研究生教育培养阶段，是关系我国科教兴国战略落实的关键工作。但是，时至今日有关系统研究甚为缺乏，各高校各专业的招生工作仍然缺乏理论指导和系统研究的支持。

无论是教育考试还是人才选拔，基本的原则都是“择优录取”。什么是“优”？一般的说法是“德才兼备”。上述说法几乎没有人反对。然而，在实践中主持考试和选拔工作的人，总是困惑于两个基本问题：首先，是考什么；再者，是怎么考。这两个基本问题解决不好，考试和选拔的质量就会大打折扣。忽视教育考试和人才选拔的科学性，在考什么和怎么考这两个问题上出现重大偏差，考试和选拔可能成为形式上庄严郑重的一场闹剧，进而沦为社会上的笑柄。这样的事情确曾发生过。

考试录取和人才选拔，近百年来已经发展成为一门专业化的学问。各种借助于考试方法选拔人才的工作，都要在基本科学原则的指导下，通过认真地科学研究、精心地设计和专业化地操作，才能取得高质量的结果。孙晓敏博士在教育部有关领导的支持下，在教育部人文社科研究项目的资助下，对研究生复试进行了系统的科学研究，借鉴人事选拔中的评价中心方法，从胜任特征出发，对典型专业构建了研究生胜任特征模型。她在哈佛大学心理系进修的两年时间里，查阅了大量国外研究生选拔的一手资料和研究成果，以实证研究资料为依据，对我国研究生复试提出了重要的建设性的观点。这对于改进研究生复试工作，提高人才选拔质量，具有非常重要的参考价值。本书就是在这一系列研究的基础上写成的。

通读全书，给我印象最为深刻的有三点。

其一，该书在 Campbell 的“高级绩效因素分类系统”以及 Reeve 等的“研究生绩效模型”的基础上，提出包括学业能力、学业努力、个人自律、个人管理技能、人际关系以及职业愿景与自我导向6个因素的研究生绩效模型。这一模型既强调研究生学习中认知因素的重要性，例如学业能力，又强调非认知因素的重要性，例如，学业努力、个人自律、自我管理、人际关系等；同时还强调了影响研究生学习的动机性因素，例如，职业愿景和自我导向。上述认识和研究结论对于研究生选拔和管理实践有非常强的解释力和指导意义。

其二，该书在上述理论探索的基础上进行了一系列典型专业研究生胜任特征研究的探索，为进一步的研究生选拔的理论和实践研究指明了方向。孙晓敏老师带领她的学生们从文、理、工、管、法不同大类中抽取了典型专业，采用评价中心胜任特征构建的技术，并在具体实践中对工业组织领域的胜任特征方法进行了创新性的使用，除了对优秀研究生进行访谈之外，还加入了对研究生导师和优秀博士生的访谈，丰富了研究数据，增强了研究结果的预测力。

其三，以大量实证资料为基础，该书对本科生成绩、面试和推荐信等研究生选拔的具体方法进行了深入的剖析，其中很多发现都非常值得反思。例如书中指出，本科成绩是研究生 GPA、学业成绩年级排名等多种研究生绩效效标的有效预测变量，而且其预测效度往往大于标准化研究生入学考试成绩。此外，该研究发现，大量研究结果表明录取面试缺乏对研究生绩效效标的预测效度。人事选拔领域结构化面试充足的效度证据以及研究生录取面试普遍缺乏结构化的现状说明，很可能并不是由于面试这种选拔方式不适合研究生选拔的情境，而是由于研究生录取面试结构化程度过低，从而损害了面试这一广泛采用的人事选拔工具本可达到的预测效度。

总之，本书是作者深入思考、扎实研究的结晶，书中回答了许多研究生选拔和实践中令人困惑的问题。此项研究成果汇集成书，正式出版，将对高等教育中研究生选拔录取水平的提高，对高等人才的培养，起到重要的推动作用。

车宏生

2014年1月20日

自 序

2013 年“全国研究生入学考试”报考人数约为176 万，是中国1978 年恢复研究生考试时的167 倍。根据《国家中长期教育改革和发展规划纲要(2010—2020 年)》提出的目标，到2020 年，“我国的研究生”在校生规模将达到200 万。如何提高研究生选拔的有效性，一方面使真正有潜力的学生获得进一步深造的机会，成长为国家建设的栋梁之材；另一方面确保有限的教育资源应用于最适合的群体，提高教育资源的使用效率，成为当前我国高等教育改革面临的一个紧迫任务。

随着中国教育改革的不断推进，复试在研究生选拔中的地位日益重要。但是，研究生复试，究竟应该考什么？怎么考？从教育政策制定者到忙碌在一线的各招生单位都处于思考和困惑之中。

本书尝试从人力资源选拔的视角破解这个难题。研究生选拔和人力资源选拔，从本质上来讲，都是对优秀人才的选拔，不同之处在于“优秀”的标准不同。因此，我们完全可以从已经发展得非常成熟的人力资源选拔领域，挑选适合的理论和方法，用于研究生选拔实践。评价中心的技术和方法就是当前人力资源选拔领域的“利器”，以其过硬的预测效度被人力资源选拔实践者所青睐。

我主持的教育部人文社会科学研究项目“评价中心技术在研究生复试中的应用研究”因为成果丰硕而免予鉴定，顺利结题了。手里拿着红色的结题证书，面对着手头大量的理论和实证研究成果，一种责任感让我欲罢不能，因此萌发了付梓成书的想法，希望将这些成果与更多的对研究生选拔仍处于困惑之中的研究者和实践者分享。

本书尝试回答两个问题，即研究生复试考什么和怎么考。我们以一些典型专业为例，展示了评价中心构建专业胜任特征的思路和方法。为了便于感兴趣的研究者和实践者构建其他专业的胜任特征，或者对我们已经研究的专业的胜任特征进行检验，我们将最原始的研究过程、分析方法和测评工具都呈现在这里。我们的研究发现并不是结论性的，而是展示性的，是一个靶子。如果能有更多的研究者和实践者从人力资源选拔，更确切地说，从评价中心的思路和方法来面对和解决研究生选拔的问题，那么，我们就走上了一条更为科学的选拔人才的道路，这也才是本书的初衷。

本书适合致力于推动研究生招生选拔科学性和有效性的研究者以及各研究生招生单位的实践者阅读，作为招生标准确定和方法选择的参考资料；也适合于所有在读研究生或者希望成为研究生的本科生阅读，作为自我提升的参考。

孙晓敏

2014 年 2 月 1 日于北京师范大学新主楼

致　谢

本书的完成离不开我的博士生导师张厚粲教授的指导和启发，离不开车宏生教授的鼓励和支持。此外，研究的完成也离不开我的课题组成员、我的学生们的共同努力。其中，林学专业研究生胜任特征模型构建主要由元莹负责，外国语言文学专业研究生胜任特征模型构建主要由周洵安负责，计算机专业研究生胜任特征模型构建主要由郭晓光负责，数学专业研究生胜任特征模型构建主要由王洁负责，管理学专业研究生胜任特征模型构建主要由施宵鸣负责，信息安全专业研究生胜任特征模型构建主要由邱中琪负责，心理学专业研究生胜任特征模型构建主要由辛伟负责。同学们在联系被试、访谈、编码、数据分析和研究报告撰写的过程中投入了大量时间和精力，在此一并表示深深的感谢。

目　录

第一章　研究生胜任特征的理论研究

一、中国研究生复试中存在的问题

随着中国教育改革的不断推进，复试在研究生选拔中的地位日益重要。1978 年恢复研究生招生；1983 年规定各招生专业全面进行复试；2001 年提出差额复试原则；2003 年硕士研究生招生减少初试科目，强调提高复试有效性[1]；2006 年正式发布《教育部关于加强硕士研究生招生复试工作的指导意见》(以下简称《意见》)，首次对硕士研究生复试工作提出了规范化的要求。《意见》规定复试成绩权重占总成绩的 30% ~50%，复试成绩不合格者，不予录取[2]。复试在研究生选拔中的地位从未像现在这样重要。

复试的地位之所以得到提升，原因在于研究和实践表明，仅仅依靠初试成绩来预测研究生的绩效，结果并不令人满意。初试往往侧重于对考生所掌握的本领域的知识等认知因素的考察。而已有大量研究表明，学生的学业成就与很多因素有关，其中只有一部分是由于严格的认知因素。非认知的因素，例如，人格特质，对学业绩效有显著的影响[3]。“大五”的尽责性因素可以预测高中[4]、大学[5]以及成人阶段的学业成就[6-8]。在控制了高中的学业成绩和学术水平测验考试(Scholastic Aptitude Test，SAT)分数之后，尽责性依然可以预测大学成绩[4,9]。这说明尽责性或许可以补偿认知能力的不足[10]。较高的尽责性可能往往与学业追求所必需的个人特质相联系，例如，条理性、可信赖、高效率、追求成功以及自我控制。人格特质等非认知因素对学业成就的影响提示我们，在初试成绩的基础上，结合复试阶段对考生多维度的考察，可以更好地预测研究生的绩效以及未来的职业成功，提高研究生选拔的有效性。

尽管认识到初试对于研究生选拔的不完备性，教育部也在很大程度上提高了复试的地位，但是，对于复试阶段究竟应该考查哪些内容维度并没有系统的研究，缺乏基于研究的政策建议。《意见》规定研究生复试一般应包含对“专业素质和能力”以及“综合素质和能力”的考查[2]。其中，综合素质和能力包括“思想政治素质和道德品质等；本学科以外的学习、科研、社会实践或实际工作表现等方面的情况；事业心、责任感、纪律性(遵纪守法)、协作性和心理健康情况；人文素养；举止、表达和礼仪等”。但是，上述各项因素是否都是研究生绩效的有效预测变量？举例来说，综合素质和能力考察中包括心理健康状况。这一规定在一定程度上导致许多招生单位在研究生复试中对考生心理健康状况过度关注[11,12]。这种将影响学业成就的非认知因素窄化、聚焦于心理健康状况的认识和实践是失之偏颇的。事实上，由于存在严重的心理健康问题而影响学习和生活的个体在普通群体中的比例是非常低的。有志于进入研究生阶段学习的往往是本科阶段学习中等及以上的学生，我们没有理由认为，这些学业相对优秀的研究生候选者中反而有更大比例存在心理健康问题。心理健康问题的这种总体分布特征意味着如果以它作为选拔的指标必然导致“天花板效应”，缺乏必要的区分度。而且，当前对个体的心理健康往往采用自陈式量表评估。在研究生复试这种高竞争、高风险的教育选拔情境中，自陈式量表的作假几乎难以避免和校正。究其根源，对于心理健康因素的过度关注可能是由于人们有意或无意地假定：研究生在校期间所出现的学习生活适应问题可以归结为这些学生在入学之前就存在某种心理健康问题。这种个体归因的倾向反映了一种基本归因偏差(The Fundamental Attribution Error)[13]。这种归因偏差使得我们往往容易忽略系统和环境中所隐藏的深层次问题。

此外，由于规定比较笼统，复试实践中不同招生单位根据自己的理解和经验，考查的维度大相径庭。有的单位考察思政品德(政治知识、世界人生观)、逻辑思维(语言表达、思维品质)、责任协调(团队精神、人际交往)和人文仪表(常识、外表、礼仪)[14]；有的单位考查人际关系(个人印象、适应力、处理日常事务的能力)，价值观和态度(对重大问题的看法、生活态度、个人目标等)[15]。这些维度对于研究生绩效的预测是否有效和完备令人质疑。复试内容和维度设置的主观性、随意性以及缺乏系统研究支持的现状令我们对其信度和效度产生严重的忧虑。如果由于初试的不完备性引入复试，但换来的却是复试中更大的混乱，那么这种状况必然在很大程度上影响我国研究生选拔的有效性，并进一步影响研究生教育的质量。

综上所述，一方面研究生复试作为研究生选拔的重要组成部分，对于研究生选拔的有效性具有举足轻重的作用；而另一方面却存在着研究生复试内容和维度设置不合理、不一致、无据可依的现状。造成这种困境的根本原因在于有关研究生选拔中究竟应该考查哪些内容维度的系统性研究的极度缺乏。

二、胜任特征的概念及相关研究

胜任特征(competency)的概念最早由McClelland提出。McClelland[16]认为，胜任特征比智力测验更能够有效预测工作绩效。“competence”和“competency”这两个词在英文文献中经常被替换使用。“胜任”(competence)指有能力完成特定的工作并达到特定的标准[17]，即有效完成特定工作的能力[18]。因此，“胜任”是对个体完成特定工作的有效性的整体评价。而胜任特征(competency)则被定义为胜任特定工作或角色的要素或基本组成成分，由彼此独立的知识、技能和态度组成[19]。

自从胜任特征概念提出之后，欧美掀起了轰轰烈烈的“胜任特征运动”(Competence Movement)[20,21]。该运动强调有效的教育、培训和发展应该以胜任特征为核心[20]。旨在确定工作场所胜任特征的经典研究是美国军事研究院(Army Research Institute)资助的“军队人员选拔和分类项目”，简称“项目A”(the army selection and classification project，Project A)。该研究的主要发现是得到了“高级绩效因素分类系统”[22]。该系统由8个维度组成，包括精通本职工作的核心任务(job specific task proficiency)、精通一般工作任务(non-job-specific task proficiency)、书面与口头沟通、努力程度、保持个人自律、促进同事与团队绩效、监督与领导以及管理与行政。尽管这一体系最初是为军队开发的，但现在已经被拓展到了一般组织情境中，成为工业与组织领域中胜任特征研究和实践的黄金标准[23,24]。几乎与美国军方试图探索工作场所胜任特征的努力同时，美国劳工部为了识别工作中所要求的一般胜任特征开展了 SCANS 项目(Secretary's Commission on Achieving Necessary Skills，SCANS)[25]。该研究得到的胜任特征模型包括三方面：基本的文字与计算技能、思维技能以及个人品质。其中个人品质包括：正直与诚实、责任感、自我管理、自尊、友善、人际技能。SCANS 的研究结果对美国教育政策也产生了重要影响，1994 年通过的《从学校到工作机会法案》(*The School-to-Work Opportunities Act*)明确要求对学生就一般的工作胜任特征进行培养和教育。

除了工作场所的一般的胜任特征研究之外，越来越多的专业学术组织致力于探索本专业领域的职业胜任特征模型。例如，在过去的三十多年中，美国心理学领域经历了“胜任特征文化”的洗礼，现在已经形成了“胜任特征评估的文化”[26]。在此过程中涌现出了大量研究，旨在探索心理学的职业核心胜任特征，作为教育和培训的基础[27,28]。在美国国家专业心理学机构委员会(National Council of Schools and Programs of Professional Psychology，NCSPP)、美国心理学博士后与实习中心联合会(Association of Psychology Postdoctoral and Internship Centers，APPIC)等组织和机构以及大量心理学家的共同努力下，心理学职业胜任特征的“立体模型”(Cube Model)得以建立并得到了广泛的认可[29]。该模型由 12 个核心胜任特征领域组成。其中 6 个为基础性的胜任特征领域，另外 6 个为功能性的胜任特征领域。而且，各个胜任特征在职业发展的不同阶段所要求的知识、技能和态度的行为描述等级也得以确立，成为心理学职业胜任特征评估和培训的标杆[30]。除了心理学专业，美国医学[31,32]和农业[33]等专业也在开发和确立本专业领域的职业胜任特征。

当前，胜任特征的概念和方法已经被广泛应用于教育领域[28,34-36]，“基于胜任特征的教育”[28,37]已经成为非常重要的理念，涌现出了“基于胜任特征的录取”[38-41]、“基于胜任特征的课程设置”[42-44]、“基于胜任特征的培训”[27,45-47]以及“基于胜任特征的从业资格评定”[48]等概念和模式。

在胜任特征研究的大背景下，有关研究生胜任特征及其在研究生选拔中的应用研究也不断推进，这类研究主要从以下几个途径汲取了营养。首先，研究生胜任特征研究一方面借鉴了工业组织领域中胜任特征模型建构的方法[49,50]；另一方面，由于研究生培养目标不仅涉及学业成功还涉及未来工作场所的职业成功，因此，研究生胜任特征研究也在一定程度上借鉴了工作场所一般胜任特征模型研究的部分成果[51,52]。其次，心理学、医学和农业等专业领域所展开的职业胜任特征研究也成为探索研究生一般胜任特征的重要资源。第三，针对大学本科教育所进行的“基于胜任特征的录取”[40,41]相关的研究和实践也为基于胜任特征的研究生选拔提供了重要的借鉴。我们通过对研究生胜任特征相关领域文献的系统检索，挑选出其中最为重要的6个研究予以介绍和评述。

三、研究生胜任特征的主要研究

（一）Hilton等的管理学专业研究生胜任特征研究

Hilton等人完成了一个长期的、系统的有关管理学专业研究生的职业发展预测研究[53,54]。尽管这一研究主要是针对管理学专业研究生胜任特征的，但是，由于该研究是对研究生阶段及研究生毕业后的职业成功的相关因素最为全面的一个纵向研究，因此有必要对这一工作予以介绍。

在该系列研究的初始阶段，Hilton，Kendal和Sprecher[53]通过文献回顾以及与专业教师的讨论，得到了管理学专业研究生的15个胜任特征。在进一步开发每个胜任特征的行为锚定量表的过程中，有两个特征由于缺乏足够的行为样本而被研究者剔除。由此，该研究最终确定了13个胜任特征：自我发展、视野与知识广度、技术知识、关键觉察、问题分析能力、坚定与果断、计划、沟通技能、热情、主动性、坚持性与能动性、灵活性、关心。这些胜任特征的具体定义见表1-1。

表1-1　Hilton等的管理学专业研究生胜任特征

胜任特征	定　义
自我发展	有明确的规划以实现长期的目标
视野与知识广度	对于决策和行为的社会、政治和经济含义的敏锐觉察

续表

胜任特征	定　义
技术知识	了解必要的技术信息和基本的原则以处理管理情境中的具体问题
关键觉察	对环境中的线索和事件机智、敏锐，特别对社交反应富有洞察力；无偏见
问题分析能力	有条理、分析性地解释问题并提出备选方案；综合
坚定与果断	勇气，面对困难和不确定后果时的自信和坚定不移；愿意做出决策
计划	恰当地分配和安排资源并为环境中可能发生的变化做好准备
沟通技能	书面和口头沟通中的清晰和准确
热情	自然地应对人和问题；反应灵敏且充满生气
主动性	做事主动、积极而不是消极和被动
坚持性与能动性	精力充沛并且能够长时间持续专注于任务
灵活性	善于接受新观点，愿意改变和尝试；富于创造性且有适应能力
关心	关注并理解他人的需要和感受

随后，研究者采用上述胜任特征的行为锚定评价量表，收集了教师对研究生的评价数据。在该项目的最后一个研究中，Crooks 等[54]考查了多种预测变量与研究生毕业 6 年后的职业发展指标之间的关系。其中预测变量包括：本科与研究生成绩、GMAT 分数、传记与背景信息、教师评价以及人格变量等。职业发展指标包括：工作的变动性、工资、工作职责的水平与类型以及工作满意度。该研究的一个重要发现是，与学术能力和学术成就方面的预测变量相比，教师评价量表中的变量(即表 1-1 中的胜任特征)以及有关动机、兴趣和人格等其他变量能够更好地预测研究生的职业发展指标。

Hilton 等的上述系列研究证明，研究生选拔在初试考查学生认知因素的基础上，在复试中对其他因素包括非认知因素等多个维度进行评价，可以更好地预测研究生的未来成功。

（二）Reilly 的跨专业研究生胜任特征研究

Reilly[49]采用 Flanagan[55]的关键事件技术，对跨专业的研究生胜任特征进行了研究。该研究分别从化学、英语和心理学专业中抽取了 50 名研究生导师，共 150 人，请他们列举出能够体现研究生胜任的具体事件。共 99 名研究生导师提供了反馈，其中 75 份有效。研究者对反馈得到的 336 个关键事件加以整理筛选，最终保留了 52 个体现研究生胜任的、可观察的关键事件。随后，Reilly[49]基于该关键事件列表，对 227 个系共 1299 名化学、英语和心理学专业的教师进行了调查。通过因素分析得到了八个跨专业的胜任特征，分别命名为：独立与主动、尽责性、批判能力、融入、研究与实验、沟通、教学技能以及坚持性。其中，独立与主动这一因素解释了最多的变异，而且具有跨学科的一致性。该因素主要包括独创性的研究、独立地执行以及自我导向学习这三种行为。表 1-2 列出了每种胜任特征的主要关键行为以及对不同专业的数据进行因素分析时，每种因素被抽取的次序。其中，与其他两个专业的 8 个因素略有不同，英语专业一共抽取了 7 个因素，第二个因素是“批判能力”与“沟通”这两个胜任特征的结合。

表 1-2　Reilly 的跨专业研究生胜任特征

胜任特征	关键行为举例	化学	英语	心理学
独立与主动	设计独创性的方法解决研究问题；独立计划和执行一项对本领域有意义的研究	1	1	1
尽责性	对待即使是很细小的任务也很认真并富有责任感；容易受到非学术、非专业兴趣的干扰（反向）	2	3	4
批判能力	在课堂或学术讨论中反复表达无关的意见（反向）；课堂上喜欢长篇大论但在论文和考试中却显示出对相关学习内容的理解有限（反向）	5	2	5
融入	很少与教师或同班研究生有非正式的交往（反向）；在与教师的非正式讨论中，该学生表现出对其领域真正的兴趣和承诺	6	4	7
研究与实验	所进行的数据分析对于其设计的实验而言是不恰当的（反向）；实验计划尚不完善便开始实施（反向）	4	5	3

续表

胜任特征	关键行为举例	化学	英语	心理学
沟通	在研讨会、论文或考试中所表达的观点缺乏组织性和连贯性(反向)；提问时总是很切题并富有洞察力	3	2	2
教学技能	给本科生授课时能够激发起学生的兴趣和热情；在给本科生讲解一个本来很枯燥的题目时能够表现出想象力和独创性	7	6	6
坚持性	尽管遇到阻碍，仍能继续进行研究直到成功完成；尽管教师的建议并不乐观，仍坚持自己的兴趣或想法并取得了成功	8	7	8

Reilly 的研究第一次尝试对不同专业领域研究生的绩效进行维度界定并试图基于关键事件建立跨专业的一般研究生胜任特征。表 1-2 说明，但由于研究生学习生活的共性，建立跨专业的一般研究生胜任特征模型是可能的，但尽管同一胜任特征对于不同专业而言可能会存在重要程度上的差异。

(三) Enright 等的研究生胜任特征研究

为了识别与研究生阶段的成功表现相关的特征，Enright 和 Gitomer[50] 首先通过电话访谈，随后又通过焦点小组，访谈了两组著名的研究生导师。第一组由认知与评估领域的杰出心理学家组成，第二组由来自其他领域(包括人文学科、社会科学以及自然科学)的著名研究生导师组成。通过焦点小组讨论得出了 7 个被认为对于研究生阶段的成功以及随后的职业角色非常重要的胜任特征。这些特征包括：解释、综合、创造力、沟通、动机、计划以及专业化。其中，创造力和动机被认为是最重要的两个胜任特征。

表 1-3　Enright 等的研究生胜任特征研究

胜任特征	定　义	举　例
解释	就特定的现象或发现给出理由或原因	提出新假设，类比推理，提出符合逻辑的论据，就自己的观点辩论。体现在学生的写作、研究设计、口头报告以及非正式的互动中

续表

胜任特征	定　义	举　例
综合	有助于专业领域的知识构建的技能	对本领域的内容和技能掌握娴熟，独立地、创造性地运用该领域的知识。创造性地重新组织本领域的知识，发现值得研究的新问题或为旧问题找到新的解决方法
创造力	提出与众不同的、新颖的想法，智力上的趣味性、叛逆性	创造力与研究生学习的几乎所有问题解决任务都有关。无论是设计研究、解释数据、撰写论文或做报告，都可能表现出创造力
沟通	与他人分享想法、知识和深刻见解的能力	从不同的角度论证，遵循恰当的沟通规则，根据对象调整沟通方式，能够理解并对他人的沟通做出恰当反应。例如写报告、作报告以及与他人讨论等
动机	对任务的承诺、投入和兴趣	解决问题时的坚持性，对任务的热情，期望完成额外的作业，参加并未要求的讨论会或专业会议
计划	为实现特定的目标而制订一定的程序	计划不仅仅是任务一开始时的准备活动，而是持续的、互动的过程。计划必须具有灵活性，能根据新的数据、观点和看法而调整。例如，设计研究实验、组织一篇文章或报告
专业化	成功融入特定领域的社会环境的技能	与教师建立联系的社交技能；知道如何搜索相关研究文献，参加哪些学术会议，加入哪些专业协会，定期阅读哪些学术期刊；理解职业社会环境所鼓励的行为并适应这种要求

尽管研究目的都是构建跨专业的研究生胜任特征，但是将表1-3中Enright等的研究生胜任特征与表1-2中Reilly的研究结果相比较，不难发现两者在胜任特征概念上的差异。这种差异更多体现的是研究视角和研究方法的不同。Reilly的研究方法是根据研究生导师提供的大量可观察的关键事件进行因素分析，而Enright等的研究则主要是基于对研究生导师的访谈。而且在进行焦点小组讨论之前，Enright等首先对认知与评估领域的杰出心理学家进行了电话访谈，以该电话访谈的结果作为后续焦点小组讨论的基础，这一程序无疑对整个研究的结果产生了重要的影响。“解释”“综合”等胜任特征体现出明显的认知心理学视角。两个研究一个强调的是外显的行为表

现，而另一个则在某种程度上更侧重内隐的心理过程。仔细研究每个胜任特征的内涵，我们不难发现，Enright 等的很多胜任特征与 Reilly 的研究结果实际上是交叉的。例如，“解释”这一特征就可能体现在 Reilly 的沟通、研究与实验之中。通观 Hilton、Reilly 和 Enright 等的研究结果，即使研究者所采用的研究视角和方法以及所选取的专业领域有所不同，我们依然可以发现沟通、创造性、计划性和坚持性等共同的胜任特征。

(四) Walpole 等的成功研究生特征研究

Walpole 等[56]的 Horizons 项目旨在理解招生机构在录取研究生时希望评估的内容以及研究生入学考试(Graduate Record Examination，GRE)在多大程度上满足了其需求。该项目共访谈了来自 20 个机构、26 个学科的 100 多位参与研究生录取的教师。作为该项目的一部分，Walpole 等对来自 5 所机构，分别代表生物、化学、教育、英语和心理学 5 个学科的 16 名教师和 5 位研究生院院长进行了深度访谈。访谈的目的是了解被访谈者对成功的研究生如何界定，以及在研究生录取阶段希望获得哪些维度的信息。访谈的结果得到了一系列认知的和非认知的因素特征，其中被提及最多的4～5 个特征在被访谈者之间达成了较高共识。研究者根据这些特征在访谈中被提及的程度在 4 点量表上(0：未被提及；1：有条件地提及；2：中等程度地提及；3：积极强调)进行评定，计算出每个维度的得分。这些特征中有些是在研究生录取阶段需要考虑的预测变量，有些则是研究生培养的结果变量，而大多数特征则兼具这两种功能。表 1-4 列出了总分在 12 分及以上的那些比较重要的维度。

表 1-4　Walpole 等的成功研究生特征

维　度	录取	结果	总分
研究/学术经历(数量和质量)	18	32	50
对所申请项目的了解，学生和项目培养目标之间的匹配	47		47
人际技能/合作共事彼此支持	18	29	47
写作/沟通	23	24	47
坚持性/不屈不挠	6	31	37

续表

维　度	录取	结果	总分
价值观/品性(个人的和职业的)：正直，公正/心胸开阔/诚实，可信/一致	24	6	30
成熟/责任/工作习惯	21		21
精通本学科		21	21
外语水平	3	15	18
独立	6	9	15
广阔的视角	9	6	15
对本领域的承诺	15		15
主动/愿意接受挑战	14		14
教学能力		13	13
批判性思维的能力、逻辑性、问题解决的能力	9	3	12
思想开放，能接受新思想	6	6	12
创造力——创造性地思考	3	9	12
内趋力/承诺/动力/热情	9	3	12

Walpole 等的研究发现，尽管在访谈过程中请研究生导师对录取阶段所要求的研究生特征和研究生毕业时应该具备的特征分别予以讨论，但是，很多特征在这两个阶段都被认为非常重要。这表明，尽管研究生胜任特征往往被作为研究生培养的结果变量，但是，一方面由于人格、价值观等因素的相对稳定性，使得一些胜任特征本身比较稳定；另一方面，就那些可塑的胜任特征而言，如果研究生在录取阶段就能够表现出相应的潜力的话，那么对于随后的研究生培养无疑是有益的。这一研究结果进一步支持了我们基于研究生胜任特征设计复试的总体思路。就具体的胜任特征而言，我们再一次发现了大量前述研究中反复出现的特征，如沟通、创造性、坚持性和主动性等。

(五)ETS 的成功研究生的非认知因素研究

基于长期大量的调查研究以及访谈和焦点小组讨论[57]，ETS 提出了对于研究生阶段成功非常重要的 6 个非认知因素，并基于此构建了研究生申请者的“个人潜力指数”评价系统（Person Potential Index，ETS ® PPI）[58]，作为研究生选拔的重要参考指标。PPI 的前身是标准化推荐信[59]。标准化推荐信已经在 ETS 的夏季实习生和研究者招募中所采用[60]，并在项目 1000（Project 1000）中用于选拔研究生[59]。从 2009 年 7 月开始，ETS ® PPI 已经正式成为 GRE 分数的补充，用于提供 GRE 所不能提供的申请者在非认知因素上的特征。该系统要求研究生申请者最多可以选择五个评价者（往往是其导师或其他相关老师），由评价者在 6 个被认为对研究生成功非常重要的维度上对申请人进行评价，包括：知识与创造性、沟通技能、团队合作、韧性、计划与组织、道德与诚实。表 1-5 中列出了 PPI 用于评价每个维度的具体项目[61]。

表 1-5　ETS 的成功研究生的 6 个非认知因素

维　度	项　目
知识与创造性	在本领域拥有广阔的视野；是我了解的最聪明的人之一；能够提出新颖的观点；对本领域充满好奇
沟通技能	讲话方式清楚、有条理、有逻辑；书面表达精确并且有自己的风格；讲话方式有趣；文章组织得当
团队合作	支持他人的努力；行为方式坦诚且友好；在群体中表现良好；以有益的方式给他人以评价和反馈
韧性	接受反馈时不会表现出防御性；在压力下表现良好；能够战胜挑战和挫折；学习特别努力
计划与组织	设定现实的目标；有效地安排工作和时间；能够在限定日期前完成任务；制订计划并能遵照执行
道德与诚实	是我了解的最诚实的人之一；保持较高的道德规范标准；值得他人信赖；表现出真诚

对比表 1-5 与表 1-4 不难发现，ETS 的 PPI 系统所包含的维度很多都是在前述研究中反复出现的胜任特征，如沟通技能和创造性。同时我们也发现很多胜任特征在不同的研究中虽然名称不同，但其内涵是接近或至少是部分重合的。例如，ETS 的韧性这一维度近似于 Hilton 等研究结果中的坚定与果断，Reilly 研究结果中的坚持性以及 Walpole 等研究结果中的坚持性与不屈不挠，并与 Enright 等研究结果中动机维度的内涵有所交叉。总之，

随着对研究生胜任特征相关研究追踪的不断深入，我们一方面困扰于具体胜任特征概念的不一致；另一方面透过这些看似不完全一致的概念，越来越强烈地意识到不同研究结果的重叠和共识，并迫切地期望能够在某个框架下将这些概念予以整合。

（六）Reeve 等的研究生绩效模型

前文已经提及，Campbell[62] 基于大规模实证研究所获得的“高级绩效因素分类系统”，作为理解个体“工作绩效”的一般框架，已经成为一般组织情境中胜任特征研究的黄金标准，被普遍认可并在研究中被广泛应用[23,63]。模型中的 8 个因素彼此区别而整体完备。每个因素作为工作绩效的高级维度，其下一级都包含多个具体的子因素。因此，Campbell 的模型完全可以作为构建研究生绩效模型的基础。事实上，Kuncel 等[64] 在 Campbell 模型的基础上，基于关键事件，已经对该模型进行了改编，构建了本科生绩效模型。随后，Reeve 等[52] 又对 Kuncel 等的本科生绩效模型进行了改编，得到了包括 7 个因素的研究生绩效模型，见表 1-6。

表 1-6　Reeve 等的研究生绩效模型

因　素	描　述
学业能力	尽最大努力的前提下，个体获取、保持与展示知识和技能的能力
学业努力	表现出愿意“努力学习”；例如，完成额外的研究项目，寻求除了所布置作业之外的额外任务，表现出有效的学习行为，自主学习
个人自律与自我监控	不从事负面的或退缩行为；表现出有效的时间管理，遵守自己设定的截止日期和日程安排
个人管理技能	善于个人财务管理、课程选择以及研究项目选择
人际关系	善于与其他研究生同学合作，建立社交网络，善于获取教师的帮助
学业外的努力	愿意获得工作经验，从事课外活动以锻炼能力，寻求参加服务性活动
职业愿景与自我导向	明白自己的人生方向并能够回答“为什么我做这件事情？”

Reeve 等[52]认为，要适应研究生阶段的挑战并取得成功，需要在上述7个方面表现优秀。在此，我们将 Reeve 等研究生绩效模型中的维度与 Campbell 工作绩效模型中的维度进行比较，以便更好地理解各个维度的内涵。

“学业能力”这个维度包括 Campbell 工作绩效模型中的“精通本职工作的核心任务”与“精通一般工作任务”两个方面。在工作绩效模型中，前者强调的是个体对本职工作中与其他工作相区别的那部分核心任务的精通，而后者强调的是个体对组织中大多数工作都要求的那些一般工作任务的精通。对于研究生而言，这两方面分别涉及本专业领域的核心知识和技能以及研究生教育中非专业特异性的通用知识和技能。对这两类(并不总是界限分明的)知识和技能的精通要求研究生具备较强的获取、保持与展示知识和技能的能力，该能力在 Reeve 等的模型中被称为“学业能力”。需要强调的是，这种能力是独立于个体的动机的，即尽最大努力的前提下，个体所能够表现出的能力水平。

“学业努力”维度相当于 Campbell 模型中的“努力程度”。即研究生在多大程度上全身心投入学业，刻苦学习；在不利的条件下仍能坚持学习或坚持完成困难的任务；愿意接受或承担额外的、富有挑战性的任务。这一点可以具体表现为主动承担额外的研究课题、收集额外的阅读材料以及进行自主学习。

“个人自律与自我监控”维度相当于 Campbell 模型中的“保持个人自律”。该维度反映了研究生在多大程度上能够遵守相应的规章制度和社会规范，以及在多大程度上能够避免负面的行为，表现出有效的自我控制。“个人自律与自我监控”对于研究生的成功也很重要。与其他工作不同，研究生学习生活的一个重要特点是很大程度上的独立性和自主性，因而相应地要求个体具有较强的个人自律。

“个人管理技能”源自 Campbell 模型中的“管理与行政”维度，但含义有所不同。这里强调的是研究生对自己所拥有的各种资源的有效分配和利用以及对自己事务的合理规划和安排。例如，个人财务管理、课程选择和研究课题选择等。

“人际关系”维度与 Campbell 模型中的“促进同事与团队绩效”有一定的联系，都侧重的是个体绩效的社会性方面，但由于“工作”背景不同，具体绩效内容有所差异。在研究生绩效模型中，“人际关系”维度主要表现为善于与研究生同学合作、善于获得教师必要的帮助以及到了高年级能够逐渐社会化并融入本领域的学术社会网络。

“职业愿景与自我导向”和“学业外的努力”在 Campbell 的模型中并没有对应的维度。“职业愿景与自我导向”强调研究生有自己的人生方向和职业追求，明白自己行为的目的和意义，这一点体现了研究生阶段的特殊性。毕竟与工作场所的个体不同，研究生阶段是一个自我探索和自我发展的过程。成功的研究生往往能够有意识地思考和明确自己未来的职业选择和人生规划，并相应地选择自己的行为。“学业外的努力”表现为研究生寻找相关的工作机会，投入相关的课外活动以及参与相关的服务活动。

此外，Campbell 模型中的两个维度在 Reeve 等的研究生绩效模型中被剔除。一个是“书面与口头沟通”。在前面的介绍中可以看到，“沟通”在多个研究者[49,50,53,58]的界定中强调的都是在研讨会、论文或考试中理解和表达学术思想和观点的能力。显而易见，这一点可以并且应该被归入“学业能力”维度。另一个被剔除的维度是“监督与领导”，该维度明显体现了组织管理情境的特点，并不适合于描述研究生绩效。

总之，Reeve 等的研究生绩效模型以 Campbell 的高级绩效因素分类系统为基础，同时又结合了研究生自身的特点。该模型既包括学业能力又包括学业努力，既包括个人自律又包括个人管理，既包括人际关系又包括职业愿景等，可以说是一个较为全面描述研究生绩效的一般框架。

四、基于 Reeve 等的研究生绩效模型对研究生胜任特征的整合

Kyllonen 等[23]曾以 Campbell 的“高级绩效因素分类系统”为框架，对研究生胜任特征进行归类。其研究结果表明，有些维度，例如“监督与领导”，并不适用于对研究生绩效的描述。在此，我们借鉴 Kyllonen 等的方法，但选择以 Reeve 等的研究生绩效模型为框架，对前面介绍的 Hilton[53]、Reilly[49]、Engright[50]、Walpole[56]和 ETS ® PPI[58]等研究生胜任特征研究的结果予以整合。表 1-7 包含了前述研究中得到的所有研究生胜任特征。

表 1-7　基于 Reeve 等的研究生绩效模型对研究生胜任特征的整合

I 学业能力		
	问题分析能力	Hilton, et al. , 1970
	解释	Enright & Gitomer, 1989
	综合	Enright & Gitomer, 1989
	批判性思维的能力、逻辑性、问题解决的能力	Walpole, et al. , 2002
	批判能力	Reilly, 1976
	创造力	Enright & Gitomer, 1989
	创造力	Walpole, et al. , 2002
	知识与创造性	ETS, 2009
	思想开放，能接受新思想	Walpole, et al. , 2002
	灵活性	Hilton, et al. , 1970
	沟通	Reilly, 1976
	沟通	Enright & Gitomer, 1989
	沟通技能	Hilton, et al. , 1970
	沟通技能	ETS, 2009
	写作/沟通	Walpole, et al. , 2002
	视野与知识广度	Hilton, et al. , 1970
	广阔的视角	Walpole, et al. , 2002
	研究与实验	Reilly, 1976
	研究/学术经历(数量和质量)	Walpole, et al. , 2002
	精通本学科	Walpole, et al. , 2002
	技术知识	Hilton, et al. , 1970
	教学技能	Reilly, 1976
	教学能力	Walpole, et al. , 2002
	外语水平	Walpole, et al. , 2002

续表

Ⅱ学业努力	
坚持性	Reilly，1976
坚持性与能动性	Hilton，et al.，1970
坚持性/不屈不挠	Walpole，et al.，2002
韧性	ETS，2009
坚定与果断	Hilton，et al.，1970
主动性	Hilton，et al.，1970
主动/愿意接受挑战	Walpole，et al.，2002
独立与主动	Reilly，1976
独立	Walpole，et al.，2002
动机	Enright & Gitomer，1989
内趋力/承诺/动机/热情	Walpole，et al.，2002
Ⅲ个人自律与自我监控	
尽责性	Reilly，1976
成熟/责任/工作习惯	Walpole，et al.，2002
正直，公正/心胸开阔/诚实，可信/一致	Walpole，et al.，2002
道德与诚实	ETS，2009
Ⅳ个人管理技能	
计划与组织	ETS，2009
计划	Hilton，et al.，1970
计划	Enright & Gitomer，1989
Ⅴ人际关系	
人际技能/合作共事彼此支持	Walpole，et al.，2002
关心	Hilton，et al.，1970
热情	Hilton，et al.，1970
关键觉察	Hilton，et al.，1970

续表

	融入	Reilly，1976
	专业化	Enright & Gitomer，1989
	团队合作	ETS，2009
Ⅵ学业外的努力		
Ⅶ职业愿景与自我导向		
	对所申请项目的了解，学生和项目培养目标之间的匹配	Walpole，et al.，2002
	对本领域的承诺	Walpole，et al.，2002
	自我发展	Hilton，et al.，1970

需要说明的一点是，在 Kyllonen 等[23]的归类中，个别胜任特征被归入两个或两个以上的绩效维度。为了保持模型中各维度的独立性，我们并未采用这种方法，而是按照每个胜任特征的定义以及研究生绩效模型各维度的内涵，将每个胜任特征归入与其最为接近的那个维度之下。在上述原则的指导下，两位人事选拔领域的专家在独立完成胜任特征归类的基础上，对个别归类不一致的胜任特征进行了讨论，最终得到表 1-7。

由表 1-7 可以看到，Reeve 等的研究生绩效模型作为一个框架，较好地实现了我们对已有研究生胜任特征研究结果的归类。7 个维度中，胜任特征最为集中的是学业能力，其次是学业努力。这与研究生自身的特点是一致的。毕竟学业能力和学业努力应当是研究生绩效的核心，理应受到更多的关注。此外，在研究生绩效模型的框架下，我们清楚地看到，许多胜任特征或与之相近的概念在相应的绩效维度下反复出现。例如，学业能力维度下的沟通技能和创造力，学业努力维度下的坚持性和主动性，个人自律维度下的尽责性，个人管理技能维度下的计划以及人际关系维度下的人际技能等。这一点也提示我们有必要对各个绩效维度下的胜任特征做进一步的整合。

同时，我们还发现原模型中“学业外的努力”这一维度并没有相应的研究结果支持。导致这一结果的原因或许是由于“学业外的努力”本身缺乏独立性。Reeve 等在提出这一模型时也曾指出，该维度或许与“职业愿景与自我导向"比较类似[52]。的确，一个有明确职业愿景与自我导向的研究生往往能够表现出恰当方向和程度上的"学业外的努力"。除此之外的其他六个维度则彼此区别而整体完备，涵盖了影响研究生成功的主要方面。

因此，在 Campbell[62] 的高级绩效因素分类系统以及 Reeve 等[52] 的研究生绩效模型的基础上，我们提出包括学业能力、学业努力、个人自律、个人管理技能、人际关系以及职业愿景与自我导向 6 个因素的研究生绩效模型。尽管这一模型所基于的研究大多采用访谈研究和定性分析，因而不可避免地带有一定程度的局限性，例如，术语上的不一致以及认知偏差(如易得性启发)，但是在多个研究中反复出现的那些特征，的确在很大程度上为我们勾勒出了一个成功的研究生所应具备的胜任特征。

依据胜任特征概念间的相似程度、在多个研究结果中出现的频次以及在最初研究结果中的重要程度，我们对表 7 中的胜任特征进行合并整理，初步得到研究生的核心胜任特征模型。

Ⅰ. 学业能力：沟通技能[49,50,53,56,58,61]、创造力[50,53,56,61]、问题分析与解决能力[50,53,56]、批判性思维能力[49,56]；

Ⅱ. 学业努力：坚持性[49,53,56]、主动性[49,53,56]；

Ⅲ. 个人自律：尽责性[49,56]、道德与诚实[56,61]；

Ⅳ. 个人管理技能：计划与组织[50,53,61]；

Ⅴ. 人际关系：人际技能[49,53,56]、团队合作[56,61]；

Ⅵ. 职业愿景与自我导向：对本领域的承诺(Walpole, et al., 2002)、自我发展[53]。

五、结论及对我国研究生复试研究和实践的启示

通过对国外研究生胜任特征研究的系统综述，我们得出以下结论及启示。

第一，构建研究生的一般胜任特征模型是可能的。上述有关研究生胜任特征的经典研究中，Reilly 的研究结果来自化学、英语和心理学专业领域，Enright 等的研究包括人文学科、社会科学以及自然科学领域，Walpole 等的研究包括生物、化学、教育、英语和心理学专业领域，ETS 的 PPI 则

适用于所有专业的研究生申请人。即使在专门针对管理学专业的 Hilton 等的研究结果中，我们也发现了沟通技能、问题分析能力、坚持性、主动性、计划与自我发展等很多与其他领域相一致的胜任特征。最后，当我们按照 Reeve 等的研究生绩效模型对已有胜任特征进行归类时，发现许多胜任特征在不同专业领域都被反复确认。这些结果表明，研究生学习生活本身所遵循的共同规律使得要成为一名成功的研究生往往存在超越具体专业的一致要求。这一点是我们构建研究生一般胜任特征模型的基石。

第二，不同专业在使用研究生一般胜任特征模型时，可以通过调节不同维度的权重来适应本专业的特殊要求。在 Reilly 的研究中，我们发现，尽管不同专业领域的胜任特征是基本一致的，但的确存在因素抽取次序上的差异。这种差异是合理的，因为它反映了不同专业的特殊性。但这并不影响我们构建一个统一的研究生一般胜任特征模型。这一点提示我们，在基于研究生的一般胜任特征模型设计复试的前提下，可以根据专业自身的特点给胜任特征赋予不同的权重。这样既可以体现研究生学习的统一要求，又反映出不同专业要求的灵活性。

第三，本研究初步构建的研究生核心胜任特征模型可以作为进一步的研究生胜任特征及研究生选拔相关研究的基础。尽管该模型还只是一个初步的概念模型，尽管这种归类不可避免地存在一定程度的主观性，尽管该模型的构想效度仍需进一步实证研究的证实。但是，该模型至少为进一步的实证研究搭建了一个有意义的平台，可以作为研究生胜任特征访谈研究等质性研究编码词典的基本框架，改变当前研究生胜任特征研究往往不得不采用工业组织领域胜任特征编码词典的尴尬现状。

第四，对研究生复试进一步研究方向的思考。关于研究生复试的进一步研究可以从两方面展开：一方面，通过实证研究探索符合我国国情和教育特点的研究生一般胜任特征模型，为研究生复试提供内容维度上的依据；另一方面，基于我国研究生胜任特征模型，针对不同胜任特征的特点，探索相应的评价方式，为研究生复试提供考查方式上的选择。总之，以研究生胜任特征模型为框架，对复试的内容和形式进行系统的探索和研究，是提高我国研究生复试科学性和有效性的重要途径。

第二章　评价中心的构成及其应用领域

评价中心是一种使用越来越广泛的人事选拔方法。该方法一般包括一系列活动或情境模拟，目的是在那些对于工作比较重要的维度上引发被评价者的行为，由经过培训的评价者在特定维度上对其进行评价。例如，考生可能被要求参加无领导小组讨论(leaderless group discussion)，通过考生在这个过程中的行为表现可以判断他们影响他人的能力。尽管一个管理者在工作上或许永远都不会进行无领导小组讨论，但是影响他人的能力则是一个重要的维度，可以预测很多管理角色的成功。角色扮演(role-playing)和文件筐(in-baskets)是被广泛使用的其他情境模拟活动。一个设计良好的评价中心[1]能够提供丰富的与工作相关的技能方面的信息，这些信息使得招聘和提升更为科学有效。

评价中心拥有一个悠久的、丰富的和成功的历史[2]。该方法最早是用于军队中对军官的选拔，后来用于特工人员的选拔(Kello, in press)。它在工业领域的应用最早开始于 AT&T 对管理者的选拔[3]。评价中心现在被广泛地用于工业、教育、军队、政府、司法以及其他组织中[1]。成千上万的员工被这种方法评价过，而且大量学者就这一方法的使用进行了研究[4]。研究表明评价中心具有充分的效标关联效度[5-7]和相对于认知能力测验、上级评定[8]和人格测验[9]的增益效度。这些研究主要是就传统的评价中心而言的。传统的评价中心的目的是选拔，安置，或晋升决策和培训需求诊断[10]。

一、评价中心的构成

评价中心是一个基于多方面输入信息而对行为进行标准化的评估。多位经过培训的观察者和技术人员参与这个过程。对行为的判断在很大程度上是基于专门发展的评价情境模拟。每个评价者对特定考生行为的评价通过统计整合或集体讨论等方式进行汇总。在集体讨论中，对于行为的全面记录以及对行为的评定被汇总在一起。相应的统计整合的方法应该符合专业标准[11]。

具体而言，评价中心由以下要素构成。

1. 以工作分析为基础

对目标岗位的工作分析是必需的。通过工作分析才可以了解对于该岗位的工作成功最为重要的维度、胜任力、特质、工作绩效指标，从而有助于确定评价中心究竟应该测评什么。

工作分析的类型和范围取决于评价的目的、工作的复杂性、关于工作的前期信息的充分性和恰当性，以及新工作与以前已经被研究过的工作之间的相似性。如果使用已有的工作分析结果作为另一个新工作的测评维度，那么应该提供两种工作之间的可比性以及概括性方面的依据。胜任力建模的过程和方法可以被用以确定评价中心将要评估的维度或胜任力。任何工作分析或胜任力建模都必须得到清晰界定的可以在评价过程中进行观察的行为类别。

2. 选择恰当的评价技术

评价中心中所使用的技术必须能够为评价考生提供信息，而这些信息是与通过工作分析所确定的维度高度相关的。评价中心的设计者应该在考生行为、胜任力特征和评价技术三者之间建立起联系。也就是说，考生的哪些行为体现了哪方面的胜任力特征或者是胜任力的哪些维度，而这些维度最适合通过哪种评价技术来测评。应该建立起胜任力和评价技术的矩阵。特定的胜任力特征有特定的评价技术相对应。例如，前面所提到的“影响他人的能力”就适合通过无领导小组讨论的方式进行评估，角色扮演或个人演讲都不适合引发考生在该维度上的行为表现。

3. 使用多种评价方法

评价中心要求必须使用多种评价方法和技术。这些技术包括测验、面试、问卷、社会测量技术以及情境模拟等。这些评价技术被用于引发考生在相关维度上的行为。自我评估和 360 度评价数据也可以作为评价信息被收集。所选用的评价技术在正式使用之前应该进行试测，以确保该技术能够提供可靠的、客观的并且与既定维度相关的行为信息。

4. 情境模拟演练

评价技术中必须包括多种情境模拟，从而为观察考生在待测维度上的行为提供充足的机会。所谓情境模拟，即一个专门设计的活动，用于引发考生与工作绩效维度相关的行为。这些情境模拟要求考生对情境刺激做出行为反应。常用的情境模拟活动有小组活动、文件筐、互动模拟、个人陈述以及事实搜寻练习(fact-finding exercises)等。

情境刺激也可以通过视频或通过计算机、光盘、网络等方式传递的真实的情境。对于比较简单的工作，可以只使用一两个与工作相关的情境模拟。对于比较复杂的工作，需要使用综合性的评价技术，这些技术应该能够引发考生与胜任力相关的大量行为反应，从而为评价者提供充足的机会对考生进行观察。

情境模拟中所包含的刺激应该与工作情境中的刺激相同或者类似，尽管它们是在不同的背景中出现的。情境模拟的仿真度与评价中心的目的相关。如果评价中心的目的是鉴别和选拔非管理人员，那么这种仿真度可以较低；如果评价中心的目的是为在职的管理者提供培训需求诊断，那么仿真度应该较高。

情境模拟的方法要求考生必须公开地展示自己的行为。考生必须对情境刺激做出结构化的反应。那些仅仅要求考生在既定反应中进行选择的活动不符合情境模拟的要求。例如，多项选择测验或计算机化的文件筐测验都不符合情境模拟活动的要求。同样，只要求表达行为意图的情境面试也不符合这一点要求。

5. 由多位评价者进行评价

在评价中心中，必须有多位评价者对每一个考生进行评价。在对评价小组成员的选择过程中，需要考虑性别、年龄、职能工作领域等因素，恰当的评分者组合有利于相互补充，从而减少在对考生进行观察时可能出现的偏颇。需要注意的一点是，如果评价结果将被用于选拔或晋升的目的，那么申请人当前的上级不应该参与对直接下级的评价。

被评价者与评价者的最大比例由多种因素决定。如评价活动的类型、待测维度的数量和性质、评价者担当的角色、评价者与考生之间发生互动的类型、评价者被培训的程度、评价者的经验以及评价中心的目的等。一般而言，标准的考生与评价者的比例是2∶1。

6. 对评价者进行培训

在参与评价中心工作之前，对评价者的培训非常重要。评价者必须接受充分的培训并且达到相应的要求。评价者应该熟悉测评的维度、行为与维度之间的关系以及模拟活动与维度之间的关系，同时熟悉目标岗位的胜任力特征要求。实践中，往往要求评价者首先系统地参与一遍评价中心的各种活动，从而能够更准确地理解和把握考生的行为反应。

7. 评价者应做行为记录

评价者在观察的过程中必须使用系统化的方法，准确记录特定的行为观察。所谓系统化的方法可以是做笔记、行为观察量表，或行为核检表。此外，在评价中心进行的过程中，也可以对考生行为做声音和视频录像，以供日后分析。

8. 对评价数据进行整合

数据整合的方式可以有两种：集体讨论达成共识或者统计汇总。所谓集体讨论的方式，即在评价中心活动结束之后，所有评价者结合行为观察过程中所做的记录，以测评维度为框架，对每位考生在每个活动中的行为反应进行讨论，统一认识，形成评价中心对该考生的最终评定。

二、评价中心在实践中存在的问题

随着评价中心方法的日益流行，对评价中心的误用和误解也随之而生。在实践中，人们往往关注的是评价中心的技术，但是对上述提到的评价中心的其他核心要素却缺乏必要的重视。在缺乏程序完备性保证的条件下对评价中心技术的滥用往往会严重影响测评的信度和效度。这里，我们对现实中存在的一些不具备评价中心特点但却自称为评价中心的活动进行列举。

第一，缺乏工作分析的过程，或者使用已有岗位的胜任特征但缺乏对已有岗位和目标岗位之间可比性的论证，这样的过程不属于评价中心。缺乏工作分析的前提和基础，而使用评价中心的技术，无异于无的放矢。

第二，如果评价的程序中没有要求考生展示外显的行为反应，那么这个程序就不是情境模拟。因此，任何评价的项目中，如果只包含这类程序，那么该项目就不是我们所定义的评价中心。例如，某个测评项目只要求考生进行多项选择反应的计算机化文件筐练习以及纸笔测验，这类项目不是严格意义上的评价中心。同样，只使用评委组面试进行评价的过程也不属于评价中心。在评价中心中，那些不要求考生展示外显行为反应的活动是可以使用的，但是，这些活动必须至少与一个要求展示外显行为的情境模拟活动相搭配使用。

第三，以单一的技术作为评估的基础，不管这种技术是否属于情境模拟，都不符合评价中心的要求。但是包含明显的多个工作相关方面的综合性评价技术不受这一要求的限制。这种综合性的技术虽然只有一个，但它设计了多种复杂的情境，界定了多方面的因素，并且为评价者提供了在不同情境下进行行为观察的机会。

第四，使用一系列测验，该系列中包含多个纸笔测验；或者是只使用一系列连续面试对考生进行评价的过程都不属于评价中心。

第五，整个评价过程中只有一个评价者进行评估，即使该评价者使用了多种技术，包括纸笔测验、面试和情境模拟的方法，也不能被算作评价中心。

第六，评价过程中虽然使用了多种情境模拟技术，而且评价者也不止一人，但是，如果缺乏评价数据的整合过程，也不能算作评价中心。例如，每个评价者就被评价者在活动中的行为表现提交了报告，如果组织者以这种未经过整合的、个人的报告作为评价中心的最终成果提供给考生或用人单位的话，那么这个过程不满足评价中心的基本要求。

此外，在评价中心的过程中所使用的各种方法和技术本身都必须满足相应的专业标准，所使用的测验本身具有良好的信效度指标，且需要标准化施测和评分；所使用的面试需要具备详细的评分规则并使用行为锚定量表进行评价。对文件筐测验的评分应该是基于对有经验的管理者进行访谈的基础上拟定参考答案标准，再由经过培训的评价者进行评定。评价中心本身是一种有效的人事选拔工具，但是工具自身的有效性仅仅是前提，实践中只有按照正确的程序和方法使用，工具才可能发挥出其本身具有的功能。

三、评价中心的应用范围

评价中心在其出现的早期主要用于人事选拔和晋升，但到现在为止，其应用已经不限于此了，而是渗透到了人力资源功能的很多方面。总之，我们可以在以下多个方面应用评价中心方法[4]。

1. 招聘

评价中心提供了未来工作的现实预演[4]。有助于向考生说明管理工作对人的要求，并且为他们提供发现自身管理潜质的机会。这种评价中心有助于把优秀的人才吸引到管理岗位上。

2. 任用

通常对于一个新员工有不止一个岗位可以安置。理想的情况是，岗位要求与个人优势相匹配。评价中心所提供的诊断性信息可以成为人员安置的依据。从参与者在各个胜任力维度上的得分可以清楚地了解到他的长处和不足，将他的特点与岗位要求相匹配，有助于新成员在适合自己的岗位上充分发挥自己的才干，同时也有助于员工的自我发展。基于评价中心的结果，可以安排那些口头表达能力强的人去做需要经常演讲的工作；而计划能力差的人则可以被安排到计划能力强的人手下工作。

3. 发展

除了有助于人员安置，评价中心诊断得到的员工在能力和技能方面的不足等信息，可以帮助决策者制订恰当的个性化的培训和发展计划。近些年在国外，评价中心方法在实践中被越来越多地用于培养员工的职业发展[2]。用于这个目的的评价中心被称为发展性评价中心，因为它兼具评价和发展双重目的[12,13]。调查研究表明，当今评价中心的实践中，40%以上是用于发展目的[10,14]，而且越来越多的人力资源专家开始关注评价中心在这方面的应用。

4. 才能评估

评价中心也被用来评估个体是否具备完成工作所必需的才能。有时候，评价的结果将决定他是否有资格得到某领域的从业证书，如教师资格证书。美国职业心理学委员会就利用评价中心来评估临床心理学家诊断心理症状的能力。

5. 组织发展和人力资源计划

评价中心可以促进管理者团队的合作性，为组织变革的努力提供支持。与管理者个人的发展不同，组织发展关注的是整个组织或者部门的绩效。设计良好的评价中心可以模拟大型的、复杂的组织情境，以加强组织内的团队合作精神和沟通有效性，从而促进组织发展。另外，为了使组织适应不断发展的外在环境要求，人力资源部门可以预测未来的技能需求，并通过评价中心来确定现有的员工队伍能否满足这些需求。评价的结果可以为进一步的人力资源培训和发展计划提供依据。

6. 晋升和调任

晋升或调任决策一方面要考虑候选人在现有岗位上的表现；另外一方面还需要考虑该员工是否具备未来岗位的胜任力特征。彼得原理所讲的，在企业内部，一个人总是被提拔到他不胜任的岗位。这个问题可以通过晋升和调任前的评价中心诊断而得以避免。

总之，组织在很多方面使用评价中心，包括选拔、安置、管理潜能的早期识别、晋升、发展、职业生涯管理和培训。早期的评价中心主要用于中层管理者的选拔和晋升决策，而现在，组织的很多层级，从团队成员到CEO，都开始使用评价中心。此外，尽管评价中心往往被用于评价管理者，事实上这一工具还可以用于评价大学生、工程师、销售人员、军人、学校行政人员等[5]。随着方法本身的日益完善，评价中心在越来越多的领域显示出广阔的应用前景。

第三章　典型学科胜任特征实证研究

一、林学专业研究生胜任特征模型构建

（一）理论依据

1. 胜任特征

“胜任特征”一词很早就被广泛地用于各个领域，最早是由法律领域引进到临床心理学中，当时用来定义心智能力的法律标准。后来，“胜任特征”又先后出现在职业生涯咨询、教育学和工业心理学等领域中，虽然早期的“胜任特征”在心理学的不同领域有不同的含义，但是一个共同点是它都定义了一种特定的工作、任务或知识技能中的优异表现[1]。

当今人力资源领域的“胜任特征”通常是指在一项工作中，与达成优良绩效相关的特征[2]。具体有哪些特征可以作为胜任特征呢？恐怕即使是一群同质性非常高的人力资源专家也不可能给出一个统一的标准答案。这是因为胜任特征与特定的工作和情境紧密相关，离开了胜任特征的定义对象，胜任特征将毫无意义[3]。事实上，一切能显著区分优秀与普通绩效的个体特征都可以被称作该工作的胜任特征，它可以是动机、特质、自我概念、态度或价值观、某领域知识、认知或行为技能，等等[4]。工作岗位不同，相应的胜任特征也会不同。

对胜任特征的研究最早可以追溯到 1911 年，W. Taylor 在他著名的“时间与动作的研究”（Time and Motion Study）中就通过工作分析的办法，研究了优秀工人和一般工人的鉴别特征，并建议管理者将这些胜任特征应用到工人的选拔、培训中，以便提高工人的工作效率[5]。然而，当时 Taylor 的观点并没有得到广泛的认可，直到 60 多年之后 McClelland 发表了《测量胜

任特征而不是智力》一文，指出智商和工作绩效之间并无因果关系，智力测验不能像人们想象的那样有效地预测工作上的成就，他提倡应该摒弃远离实践的理论假设，深入到实际的工作中测量胜任特征[6]。这篇文章的发表引起了众多研究者的关注，并掀起了此类研究的高潮，此后的30多年里，胜任特征理论在大量的研究和实证中得到了验证和发展，并被广泛地用于各个领域。目前，世界500强企业中已有过半数的公司在人力资源管理实践中应用胜任特征模型[7]。

2. 胜任特征模型

某一特定工作岗位的各种胜任特征有机地组合在一起，就形成了该工作的“胜任特征模型”。胜任特征模型为某一特定工作或角色提供了一个成功模型，反映了某一既定工作岗位中影响个体成功的所有重要的行为、技能和知识，因而经常被当作人力资源选拔、培训和考核的工具[8][9][10]。

胜任特征模型的理论中最具影响力的是Spencer提出的冰山模型，见图3-1。Spencer把胜任特征分到了五个领域当中：知识、技能、自我概念、

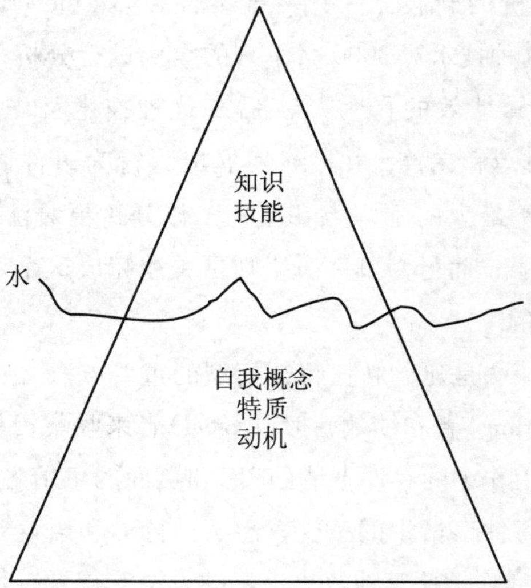

图3-1　Spencer的胜任特征冰山模型[4]

特质、动机。其中在“水面上”的知识和技能相对容易观察和评价，也比较容易通过培训而得到发展和提高；而在“水底”的特质和动机相对来说难以评价和发展，因此，最佳的方法就是通过选拔来获得拥有这些特质的人才；自我概念则介于以上两类特征之间，虽然通过培训、心理辅导和成功的经历等可以一定程度上改变人的态度和价值观，但是这个过程比较缓慢和困难[4]。

建构胜任特征模型一般分为6个步骤：(1)定义绩效标准；(2)确定样本；(3)收集信息；(4)分析数据、建立模型；(5)验证模型；(6)应用模型。其中收集信息的手段有很多种，包含工作分析、专家评定、360°反馈评价法、观察法、问卷法以及下文中介绍的行为事件访谈法等[4]。

3. 行为事件访谈法

行为事件访谈法(The Behavioral Event Interview, BEI)最初是由工作分析(job analysis)中发展出来的。20世纪四五十年代，Flanagan对第二次世界大战期间美国空军军官的绩效表现差异进行了大量的研究，并从中发展出了一种工作分析的新技术——关键事件技术(the critical incident technique)，他利用这种技术对3000名军官的案例进行分析，并发现了6大类导致空军军官优异绩效的行为[11]。后来这种技术又先后得到Dailey[12]、McClelland[13]的继承和完善，并最终发展成为行为事件访谈法。行为事件访谈法与工作分析最大的不同点在于，工作分析更关注工作和任务本身，即“什么”被完成了；而行为事件访谈则更关注完成这个工作的人，即任务是“怎么”被完成的[1]。

行为事件访谈法是建立胜任特征模型的重要方法之一，它是通过访谈绩效优异(outstanding)者和绩效一般(typical)者来收集资料的，具体的方法是请受访者讲述工作中的6件事情(正面和负面的事情各3件)，用自己的语言描述他们在每件事情中的感受、想法、行动和语言，并通过深入的询问了解整个事件[13]。相比其他收集信息的方法，行为事件访谈可以实现最大限度地挖掘绩效优异者和绩效一般者之间的差异，这是因为：第一，大多数人并不清楚自己的能力，包括自己的优势和劣势，甚至是对于工作真正的好恶。我们常常发现，那些认为自己的最大优势是“人际能力”的管理者，却恰恰是同事们不信任甚至是反感的人物。第二，人们都不倾向于显露自己真正的动机和能力，大多数人会按照社会普遍认同的答案或他们认为访谈者期望的答案来回答，所以，如果采用“自陈式”的问卷和访谈等方法，很多重要的关于胜任特征的信息都没有办法获得[4]。

另外，行为事件访谈法的信度和效度得到了很多研究的支持。Boyatzis的研究表明，受过训练的不同编码者采用最高分数和频次进行编码，其一致性介于74%～80%[14]。Motowidlo等的研究表明，对同一组人员进行两次访谈所得的胜任特征评价结果具有较高稳定性[15]。McClelland等对美国国务院外事局两组情报信息官员分别进行了行为事件访谈，发现所建立的胜任特征模型基本一致[13]。此外，根据British Psychological Society and Accord Group的数据显示，行为事件访谈法的效度在0.48～0.61，远远高于传统的访谈法(0.05～0.19)[16]。

(二)研究现状

1. 胜任特征研究对象及应用领域

从研究对象上来看，目前胜任特征模型的大量研究都集中在企业中的不同职位，如中高层管理者、部门职能人员(例如，销售人员、财务人员、研发团队)。Spencer等人通过对216名企业家进行的跨文化比较研究发现，能够区分优秀企业家与一般企业家的胜任特征有七个(分为四类)：第一类，成就：主动性、捕捉机遇、坚持性、关注质量；第二类，个人成熟：自信；第三类，控制与指导：监控；第四类，体贴他人：关系建立[4]。仲理峰、时勘通过对18名家族企业高层管理者的行为事件访谈，建立了我国家族企业高层管理者胜任特征模型，包括威权导向、主动性、捕捉机遇、信息寻求、组织意识、指挥、仁慈关怀、自我控制、自信、自主学习、影响他人11项胜任特征。其中威权导向、仁慈关怀是我国家族企业高层管理者独有的胜任特征[17]。

其次，还有一些针对专业人士的研究，如教师、护理人员、飞行员、军官等。其中将胜任特征模型应用在教育领域的研究比较少，且大多集中在对教师工作者的胜任特征研究上。徐建平基于文献分析，采用BEI技术、胜任特征核检表、心理测量学等方法，质性研究与量化研究相结合，从胜任力角度，对教师胜任力模型及测评问题进行了一系列实证研究，得出了教师的胜任特征模型，堪称国内胜任特征研究的典范[18]。

将胜任特征的研究方法运用在学生身上的研究寥寥无几。王大超、王芳等人利用 BEI 访谈技术对 20 名大学生进行访谈，得到了大学生成功求职的胜任特征模型，研究结果表明专业知识、基本技能等是大学生求职成功的基本要求，而自信、主动性、富有主见和人格特征等则为鉴别性的胜任特征[19]。西南大学的颜立对 17 名研究型大学的硕士研究生进行行为事件访谈，建构了硕士研究生胜任特征模型，包括 10 项胜任特征，其中鉴别特征包含重视结果、人际理解、归纳总结、自我控制和兴趣，通用特征包含主动性、信息搜集、自信、分析式思考和与人交流[20]。除此之外，几乎没有专门针对研究生胜任特征的研究。

2. 胜任特征研究方法的使用情况

从研究方法上来看，问卷调查法是使用频率最高的，其次是访谈法[21]。国内的许多研究采用了问卷法和访谈法相结合的方法构建胜任特征模型，例如，颜立的研究先通过行为事件访谈获得初步的胜任特征模型，然后根据访谈结果编制问卷，验证特征模型的效度[20]。也有少数研究是完全根据行为事件访谈获得的资料建构胜任特征模型的，例如，时勘等人对企业高层管理者的研究是通过统计分析编码的频次、平均分数及最高分数建立胜任特征模型，然后运用概化理论中的 G 系数检验模型的信度指标[22]。

3. 已有研究的不足

首先，不同学科的研究生在学习任务和科研活动上存在很大的差异，优秀的标准也不相同，因此，应当分学科建立研究生的胜任特征模型。颜立的研究虽然将研究对象限定在研究型大学中，但是研究所取的 17 个样本来自不同学科[20]，研究结果势必受到学科因素的强烈干扰，只能为研究生的选拔提供泛泛的参考，而无法直接作为某一学科的研究生胜任特征。

其次，虽然 Spencer 的《通用胜任特征编码词典》囊括了 200 多个职位的研究结果[4]，但是直接将它用于研究生的胜任特征编码是不恰当的。因为研究生的身份介于单纯的学生和岗位工作者之间，既要完成学习任务，又要承担一定的科研工作，这种双重身份决定了研究生的特殊性，因此，《通用胜任特征编码词典》中的很多维度和等级只能借鉴，而不能直接用来编码。颜立的研究虽然提出了重视结果、兴趣、归纳总结等新的胜任特征维度，但是其他的特征完全采用《通用胜任特征编码词典》的行为定义和等级标准编码[20]，这很可能降低了编码对访谈内容的提取效果，最终导致无法区分出优秀研究生和普通研究生在这些胜任特征维度上的区别。

（三）方法和过程

1. 被试

(1)绩效标准

本研究采用综合的绩效标准，选择的优秀研究生同时满足：(1)北京林业大学林学院2007～2008学年“优秀研究生标兵”“优秀研究生”“学术优秀奖”或“学术创新奖”的获得者；(2)得到研究生辅导员和同班学生的推荐和认可。其中，奖学金的评比指标是科研能力、成绩排名以及民主投票。普通研究生则是随机选取后经导师确认，排除了不合格的研究生。

(2)被试情况

共访谈北京林业大学林学院研究生22名，预访谈2名，正式访谈20名。其中，正式访谈包含12名优秀研究生和8名普通研究生，男生9名，女生11名，均为研究生二年级或三年级的学生，平均年龄为25.05岁。

2. 行为事件访谈

(1)预访谈

本研究中的22个案例均由研究者本人担任访员。访谈前访员学习了行为事件访谈的技术，编写了访谈提纲，并与另一名心理专业学生进行讨论和练习。在掌握访谈技术之后，对北京林业大学林学院的2名研究生进行了预访谈，以便进一步熟悉访谈技巧，同时对访谈提纲做了一定的调整。

(2)正式访谈

访谈过程采用了双盲的技术，访员事先不知道受访者属于优秀组还是普通组，受访者事先也不清楚有优秀和普通的区别。

访谈被安排在北京林业大学内一间安静的教师休息室，没有他人的干扰。访谈开始之前，向受访者粗略解释研究的目的和访谈的大致内容，备好纸笔，给其3分钟的思考和准备时间。受访者自愿签署录音知情同意书之后开始访谈，同时对访谈的整个过程进行录音。极个别的访谈对话在受访者的要求下暂停录音，采取笔录记录。访谈过程最长的是103分钟，最短的是34分钟，平均64分钟。

3. 胜任特征编码

(1)培训及预编码

正式访谈的录音被转录入电脑，校对和补充后整理成文本，最后获得了20份文本材料，共约31万字。每份文本都隐去了姓名以及组别，同时对文本随机编号。由于其中一份优秀者访谈的文本字数(8023字)显著少于平均字数，故只对其余19份文本进行了编码。编码采用的软件是NVivo7.0，编码小组由研究者本人以及另外3名心理学大三年级本科生组成。首先，编码者共同学习和讨论了Spencer的《通用胜任特征编码词典》，然后分别对一份访谈录音文本进行预编码。完成预编码后，编码小组进行了充分的讨论，并根据林业研究生的具体情况对原有的编码词典进行了一定的修订和补充，形成了第一版的编码词典。

在首次编码之前，每个编码者都经历了累计为10小时的编码培训、讨论过程，以及3小时的NVivo7软件学习。

(2)首次编码

根据修订后的第一版编码词典，编码小组在不知道谁是优秀组、谁是普通组的情况下，对访谈文稿进行独立编码。其中研究者独自完成所有19份文本的编码，其余3位编码者是分工(每人负责6或7份)完成。

(3)二次编码

首次编码后发现第一版的编码词典还是不能有效地提取访谈材料中的信息，并且许多等级之间存在界限不明的情况，编码效果不理想。故根据已提取的大量行为样本对编码词典进行了二次修订，将所有维度调整为5个等级，并充实了大量的行为指标，形成了第二版的编码词典。然后，研究者本人根据第二版编码词典对19份文本进行了二次编码，其他3位编码者没有参与二次编码的过程。

4. 数据处理和胜任特征模型的建立

1 名普通研究生的访谈事件因可信度遭到辅导员和同学的质疑，而没有参与到最终的统计分析。即，最终参与分析的数据为 18 个案例，其中优秀研究生 11 人，普通研究生 7 人。

建立胜任特征的数据以研究者本人二次编码的结果为准，首次编码中其余 3 位编码者的数据仅参与了研究信度的估计。统计指标有 6 个，分别是：文本字数、访谈时间、胜任特征频次、平均等级分数、最高等级分数和最高等级。这里“最高等级”这个指标是指 5 个等级中出现的最高的那一等级，“最高等级分数”是指“最高等级”的分数乘以最高等级出现的频次，例如，在 5 等级出现了 2 次，则最高等级 =5，最高等级分数 =5 ×2 =10。

数据处理使用 SPSS 13. 0 统计软件。根据优秀组和普通组的差异检验结果，构建林业专业优秀研究生胜任特征模型。

（四）结果与分析

1. 访谈长度分析

为了确保优秀组和普通组在各胜任特征上的差异不是由访谈长度所引起的，我们先对优秀组和普通组的文本字数和访谈时间进行了差异检验。如表 3-1，无论是在访谈字数还是在访谈时间上两组均无显著差异。这表明，访谈的长度不会影响优秀组和普通组在胜任特征上的差异。

表 3-1　优秀组和普通组访谈长度比较分析表

	优秀组（n =11）		普通组（n =7）		t	df	p
	M	SD	M	SD			
文本字数（字）	16 014. 27	4 380. 08	15 442. 57	3 408. 04	0. 29	16	0. 774
访谈时间（分钟）	65. 64	8. 13	59. 71	8. 48	1. 48	16	0. 158

为了检验各检验指标的稳定性，我们分别计算了胜任特征频次、平均等级分数、最高等级分数和最高等级与文本字数的相关系数。结果如表 3-2 所示，有 2 个维度的胜任特征频次与文本字数存在显著相关，其中自信心的自信这个构面的胜任特征频次和文本字数的相关达到了 0. 01 水平，非常显著。同时，有 2 个维度的最高等级分数与文本字数存在显著相关。平均

等级分数和最高等级这两个指标则非常稳定，它们和文本字数在统计学上无显著相关的情况。因此，本研究选择的4个指标的稳定性都是比较高的，理论上都能如实地反映出受访者在不同胜任特征上的水平，参考意义比较大。

表3-2 特征频次、平均等级分数、最高等级分数和最高等级与文本字数的相关

胜任特征	胜任特征频次	平均等级分数	最高等级分数	最高等级
成就动机	0.418	0.293	0.397	0.221
管理和控制	0.242	-0.107	-0.078	-0.081
主动性(时间构面)	0.346	-0.020	-0.001	0.037
主动性(努力程度构面)	0.274	0.068	0.592*	-0.099
挖掘信息	0.395	0.345	0.329	0.274
人际理解(了解他人的程度)	0.573*	-0.454	-0.095	0.280
人际理解(聆听和反馈)	0.229	0.371	-0.099	0.388
影响力	0.351	0.479	0.566*	0.372
团队合作	0.171	0.387	-0.067	0.302
团队领导	0.039	0.431	0.239	0.344
分析式思考	0.153	-0.034	-0.157	0.089
概念式思考	0.172	-0.138	-0.101	0.059
求知欲	-0.255	0.426	-0.134	0.199
压力管理	0.393	-0.041	0.298	0.079
自信心(自信)	0.632**	0.136	0.291	0.131
自信心(面对失败)	-0.205	-0.007	-0.157	-0.056
灵活性	-0.324	0.213	-0.283	-0.209
需要层次	0.278	-0.128	0.216	-0.191
奉献精神	0.256	-0.201	-0.308	-0.150

注：* $p<0.05$，** $p<0.01$

2. 编码信度的估计

由于时间和人员的限制，二次编码过程仅由研究者本人单独完成，无法得到编码一致性的直接指标数据。这里我们对首次编码的归类一致性系数进行了计算，作为本研究编码信度的间接估计值。

归类一致性(Category Agreement，CA)是指编码者之间对相同访谈文本的编码归类相同的个数占编码总个数的百分比。计算公式参照 Winter 的动机编码手册，若用 T1 表示编码者甲的编码个数，T2 表示编码者乙的编码个数，T1∩T2 表示编码者编码归类相同的个数，T1∪T2 表示编码者甲乙各自编码个数的和，则计算公式为[17]：

$$CA = (2 \times T1 \cap T2) \ / \ T1 \cup T2$$

在首次编码中，研究者本人和另外一名编码者的归类一致性系数在 14.27% ~27.83%，平均为 21.31%。与以往的研究相比，这个一致性没有达到可接受的水平，这说明了首次编码采用的第一版编码词典是存在比较大的缺陷的，因此，改进词典、重新编码是非常有必要的。由于二次编码时对特征词典进行了细致的修订，因此，首次编码的归类一致性系数应该是对本研究信度的一个低估值。

3. 胜任特征频次分析

对两组研究生每个特征的胜任特征频次进行 T 检验，结果如表 3-3 所示。虽然优秀研究生在部分胜任特征频次的平均分上高于普通研究生，但是这种优势在统计学上没有达到显著水平。这表明，胜任特征频次这个指标没有良好的区分度，仅从频次多少无法将优秀研究生和普通研究生区别开来，必须考虑特征行为等级和性质的区别。

表 3-3　优秀组和普通组在胜任特征频次上的差异比较

胜任特征	优秀组($n=11$)		普通组($n=7$)		t	df	p
	M	SD	M	SD			
成就动机	7.55	2.46	6.57	1.27	0.96	16	0.351
管理和控制	2.91	2.12	1.43	1.72	1.55	16	0.141
主动性(时间构面)	5.55	1.37	6.14	2.54	-0.65	16	0.524

续表

胜任特征	优秀组(n=11)		普通组(n=7)		t	df	p
	M	SD	M	SD			
主动性(努力程度构面)	5.27	1.95	3.71	2.06	1.62	16	0.126
挖掘信息	2.91	2.21	3.14	0.90	−0.26	16	0.795
人际理解(了解他人的程度)	4.27	2.15	5.57	4.12	−0.88	16	0.390
人际理解(聆听和反馈)	2.55	1.92	2.71	1.70	−0.19	16	0.852
影响力	3.27	2.53	1.86	1.68	1.30	16	0.212
团队合作	4.45	1.97	4.86	3.63	−0.31	16	0.763
团队领导	3.45	2.94	2.43	2.23	0.79	16	0.443
分析式思考	2.36	1.91	3.29	1.50	−1.08	16	0.297
概念式思考	3.36	2.11	3.29	2.98	0.07	16	0.949
求知欲	2.18	0.98	2.00	1.53	0.31	16	0.761
压力管理	3.64	2.16	2.43	2.07	1.18	16	0.257
自信心(自信)	3.82	2.60	4.00	1.29	−0.17	16	0.867
自信心(面对失败)	2.45	2.21	3.71	2.06	−1.21	16	0.244
灵活性	1.27	1.19	2.43	1.40	−1.88	16	0.079
需要层次	4.45	3.21	2.86	1.57	1.22	16	0.241
奉献精神	2.27	1.42	2.43	2.07	−0.19	16	0.851

4. 差异检验

(1)平均等级分数差异检验

对两组研究生每个特征的平均等级分数进行T检验，结果如表3-4所示。数据表明，优秀研究生和普通研究生在7个胜任特征上有显著差异，它们分别是成就动机、主动性(时间构面)、主动性(努力程度构面)、团队合作、团队领导、压力管理、奉献精神。这说明，平均等级分数这个指标的区分度是比较好的，能够把优秀研究生和普通研究生区别开来。

表 3-4　优秀组和普通组在平均等级分数上的差异比较

胜任特征	优秀组($n=11$)		普通组($n=7$)		t	df	p
	M	SD	M	SD			
成就动机	3.83	0.33	2.37	0.41	8.35	16	0.000***
管理和控制	3.80	1.14	3.24	0.43	1.04	13	0.316
主动性(时间构面)	3.93	0.53	2.80	0.81	3.60	16	0.002**
主动性(努力程度构面)	3.70	0.58	2.35	0.69	4.35	15	0.001***
挖掘信息	2.91	0.63	2.40	0.53	1.75	16	0.100
人际理解(了解他人的程度)	3.77	0.58	4.31	0.77	-1.68	16	0.113
人际理解(聆听和反馈)	3.63	1.22	3.31	1.15	0.54	15	0.599
影响力	3.32	0.96	2.90	1.19	0.79	15	0.441
团队合作	3.51	0.73	2.65	0.61	2.58	16	0.020*
团队领导	3.45	0.39	2.25	1.08	3.10	13	0.009**
分析式思考	3.14	0.61	3.21	0.59	-0.24	14	0.812
概念式思考	3.11	0.46	2.64	0.39	2.09	14	0.055
求知欲	3.58	0.95	2.92	0.80	1.46	15	0.166
压力管理	3.42	0.70	2.54	0.50	2.69	15	0.017*
自信心(自信)	3.35	0.63	2.70	0.64	2.08	15	0.055
自信心(面对失败)	3.52	0.53	2.92	0.66	2.09	15	0.054
灵活性	3.12	0.36	3.39	0.45	-1.34	14	0.202
需要层次	3.85	0.77	3.15	0.79	1.82	15	0.088
奉献精神	4.03	0.54	3.31	0.50	2.43	12	0.032*

注：$^{*}p<0.05$，$^{**}p<0.01$，$^{***}p<0.001$

(2)最高等级分数差异检验

对两组研究生每个特征的最高等级分数进行T检验，结果如表3-5所示。优秀研究生和普通研究生仅在2个胜任特征上的最高等级分数有显著差异，它们是成就动机和人际理解(了解他人的程度)。这表明，从鉴别的角度来看，最高等级分数并不是一个十分优良的指标。

表3-5　优秀组和普通组在最高等级分数上的差异比较

胜任特征	优秀组($n=11$)		普通组($n=7$)		t	df	p
	M	SD	M	SD			
成就动机	18.00	7.14	8.14	5.11	3.16	16	0.006**
管理和控制	7.00	4.06	4.67	3.83	1.14	14	0.275
主动性(时间构面)	13.09	5.75	7.86	5.87	1.87	16	0.080
主动性(努力程度构面)	8.55	7.84	6.40	2.07	0.59	14	0.563
挖掘信息	5.09	2.34	4.14	1.77	0.91	16	0.375
人际理解(了解他人的程度)	7.18	3.52	16.14	9.26	−2.93	16	0.010**
人际理解(聆听和反馈)	6.11	2.26	5.67	3.14	0.32	13	0.754
影响力	5.82	3.79	4.80	1.92	0.56	14	0.584
团队合作	8.36	5.61	7.17	4.83	0.44	15	0.666
团队领导	4.82	2.68	5.50	5.36	−0.35	15	0.728
分析式思考	5.63	1.69	5.14	3.13	0.38	13	0.711
概念式思考	4.60	1.43	4.29	2.14	0.36	15	0.720
求知欲	5.64	1.96	4.50	2.88	0.97	15	0.348
压力管理	6.36	3.61	6.00	5.20	0.18	16	0.863
自信心(自信)	7.30	5.79	4.86	2.12	1.06	15	0.307
自信心(面对失败)	5.70	2.91	7.00	5.80	−0.61	15	0.549

续表

胜任特征	优秀组($n=11$)		普通组($n=7$)		t	df	p
	M	SD	M	SD			
灵活性	3.89	1.96	5.43	1.40	−1.75	14	0.102
需要层次	11.00	6.60	7.00	4.69	1.29	14	0.217
奉献精神	6.00	2.12	6.40	2.07	−0.34	12	0.739

注：$^{**}p<0.01$

(3)最高等级差异检验

对两组研究生每个特征的最高等级进行T检验，结果如表3-6所示。数据表明，优秀研究生和普通研究生在5个胜任特征上的最高等级有显著差异，它们分别是成就动机、主动性(努力程度构面)、团队领导、压力管理和灵活性。可以看出，相对于最高等级分数，最高等级这个指标具有更好的区分度。

表3-6　优秀组和普通组在最高等级上的差异比较

胜任特征	优秀组($n=11$)		普通组($n=7$)		t	df	p
	M	SD	M	SD			
成就动机	4.36	0.50	3.43	0.53	3.75	16	0.002**
管理和控制	4.40	0.70	3.80	0.84	1.47	13	0.165
主动性(时间构面)	4.91	0.30	4.43	0.79	1.85	16	0.083
主动性(努力程度构面)	4.64	0.67	3.17	1.17	3.32	15	0.005**
挖掘信息	3.45	0.93	3.29	0.76	0.40	16	0.694
人际理解(了解他人的程度)	4.91	0.30	4.86	0.38	0.32	16	0.751
人际理解(聆听和反馈)	4.30	1.34	3.86	1.35	0.67	15	0.513
影响力	4.09	0.94	3.50	1.38	1.05	15	0.310
团队合作	4.27	0.90	3.57	0.79	1.68	16	0.112

续表

胜任特征	优秀组($n=11$)		普通组($n=7$)		t	df	p
	M	SD	M	SD			
团队领导	4.56	0.73	2.50	1.38	3.80	13	0.002**
分析式思考	3.67	0.87	4.00	0.82	-0.78	14	0.447
概念式思考	3.90	0.57	3.50	0.84	1.15	14	0.271
求知欲	4.18	0.60	3.67	1.21	1.19	15	0.254
压力管理	4.09	0.70	3.17	0.98	2.26	15	0.039*
自信心(自信)	4.00	0.82	3.57	0.79	1.08	15	0.297
自信心(面对失败)	3.80	0.79	3.71	0.95	0.20	15	0.842
灵活性	3.22	0.44	4.00	0.82	-2.45	14	0.028*
需要层次	4.70	0.67	4.14	1.46	1.06	15	0.304
奉献精神	4.56	0.53	3.80	0.84	2.09	12	0.058

注：$^{*}p<0.05$，$^{**}p<0.01$

5. 林业专业研究生胜任特征模型

根据优秀组和普通组在平均等级分数、最高等级分数和最高等级的 T 检验结果，筛选出差异显著的胜任特征，确定了 9 项鉴别性胜任特征，其余 10 项特征作为林业专业研究生共有的胜任特征，共同组成了林业专业研究生胜任特征模型，见表 3-7。

表 3-7 林业专业研究生胜任特征模型

类别	具体胜任特征		
鉴别性胜任特征	成就动机	团队合作	主动性(时间构面)
	压力管理	团队领导	主动性(努力程度构面)
	奉献精神	灵活性	人际理解(了解他人的程度)
共有胜任特征	管理和控制	分析式思考	人际理解(聆听和反馈)
	挖掘信息	概念式思考	自信心(自信)
	影响力	求知欲	自信心(面对失败)
	需要层次		

(五)讨论

1. 胜任特征统计指标

(1)常用指标的分析

胜任特征频次、平均等级分数和最高等级分数是以往研究常用的3个计分指标。其中平均等级分数为公认的稳定性和鉴别力最佳的指标[13][17][18]，这一点在本研究中得到了充分的证实：平均等级分数和访谈长度没有任何显著相关，说明平均等级分数具有较高的稳定性，不会随着访谈长度的改变而发生变化；利用平均等级分数鉴别出的胜任特征数量是最多的(7个)，且其中有4个特征达到或超过了0.01的显著性水平，说明平均等级分数的鉴别力和区分度较佳。

徐建平的研究发现胜任特征频次的稳定性较差，受访谈长度的影响比较严重，且鉴别意义不大[22]，本研究基本支持了这个结论：相对其他指标，胜任特征频次与访谈长度存在的相关是最多且最显著的；而优秀组和普通组的特征频次T检验的结果均不显著，说明特征频次几乎没有鉴别和区分度。但是，本研究中特征频次与访谈长度的相关数量是非常少的，仅有2个特征有显著相关，这一方面可以从一定程度上反映BEI访谈过程的有效性：访谈的信息量没有因为访谈长度而受到太大的影响；另一方面在一定程度上表明本研究最终使用的胜任特征词典的等级分布和定义的有效性：编码结果并未受到访谈长度的太大影响。

根据以往的研究，最高等级分数的稳定性和鉴别力介于胜任特征频次、平均等级分数之间[13][17][18]，本研究的结果与这个观点基本一致：虽然最高等级分数与访谈长度的相关个数和特征频次相同，都是两个，但是显著性是低于特征频次，因此，最高等级分数相对稳定性稍高；最高等级分数鉴别出的胜任特征数量介于特征频次和平均等级分数这两个指标之间。

(2)最高等级与最高等级分数的分析比较

本研究提出的最高等级这个计分指标是以往的研究中不曾使用的。根据本研究的结果，最高等级的稳定性与平均等级分数不相上下，鉴别力略次于平均等级分数，但是显著优于最高等级分数。

最高等级与最高等级分数最大的不同点在于，最高等级是单纯的等级上的区别，没有掺杂“量”(频次)的差异，是一个纯的质性指标。与最高等级分数相比，最高等级指标的最大优势是避免了某些个案中、低等级的多次出现而导致的最高等级分数这一指标上的高分，如表3-8所示，被试A显然是优于被试B的，但是如果采用最高等级分数来考察，被试A反而不如被试B了。当然，最高等级也有一定的弊端，那就是没有包含除最高等级之外的其他频次和等级信息。因此，最高等级和最高等级分数结合起来使用效果最佳。

表3-8　最高等级和最高等级分数比较举例

最高等级分数	某胜任特征各等级的频次					最高等级
	等级1	等级2	等级3	等级4	等级5	
被试A	0	1	0	2	1	5
被试B	1	0	2	2	0	4

根据研究者的编码体会，影响最高等级这个指标的鉴别力的主要因素是胜任特征词典的等级分布和行为定义。胜任特征的等级数目越多，使用最高等级的鉴别力就会越强。在等级数目相同的情况下，等级的强度和界限会产生影响，如果等级的强度间距分布合理且各等级的行为定义对应的最小可觉察明确细致，则最高等级的鉴别力就比较好，如果几个等级之间的强度区别太小或界限不明晰，那么最高等级的鉴别力就会相应地减弱。为了使编码词典和编码过程的质量更高，研究者提出几点建议：(1)编码者应当尽量参与访谈过程，以获取更多的直观印象，这样既有利于胜任特征词典的编制过程又有利于编码过程；(2)预编码的文本数量应当加倍，4～6个是比较好的，尤其是当编码者对于工作内容很陌生的情况下，因为对工作内容和各类行为样本的了解是建立胜任特征词典和根据词典进行编码的基础；(3)设置正式的编码等级时，应适当拉大等级之间强度的区别，使所有的行为样本在各等级呈现基本的正态分布，避免太多的行为落入同一个等级上。

2. 林业专业研究生胜任特征的独特性

本研究获得的林业专业研究生胜任特征与颜立的研究结果一致的是：人际理解和压力管理（颜立的研究中称为“自我控制”），本研究发现的独特的胜任特征有：成就动机、主动性、奉献精神、团队合作、团队领导和灵活性等。其中成就动机、主动性和灵活性是许多研究中发现的优秀者的鉴别特征，具有跨职业的一致性，属于通用的鉴别特征。而奉献精神、团队合作与领导则是林业专业优秀研究生特有的胜任特征，这和林业专业的特色是分不开的。林业专业的学生常常需要组成小团队到异常艰苦的地方进行研究，他们互相之间需要合作和帮忙，用他们的话来说“没有哪一项工作是可以一个人单独完成的”，因此，团队精神和奉献精神非常重要。优秀的林业专业研究生在团队中卷入程度很高，并且能够有效地领导团队，提升团队的绩效，他们常常愿意付出不寻常的努力去帮助别人或实现团队的利益。这也使得他们能够在团队中得到支持，促进了自己的学习和研究。

（六）结论

第一，研究证实了：胜任特征的常用计分指标中，稳定性由高到低依次是平均等级分数、最高等级分数、胜任特征频次；平均等级分数的鉴别力最强，最高等级分数的鉴别力较弱，本研究中胜任特征频次不具备鉴别力。

第二，最高等级作为胜任特征模型的一个新的指标，它的稳定性与平均等级分数不相上下，鉴别力略次于平均等级分数，但是显著优于最高等级分数。可与最高等级分数结合使用。

第三，林业专业研究生的胜任特征包含 9 项鉴别特征，它们是成就动机、主动性、奉献精神、团队合作、团队领导、灵活性、压力管理和人际理解（对他人的了解程度），以及 10 项共有特征。

附录

附录一：录音知情同意书和访谈提纲

姓　名：
性　别：
年　龄：
年　级：
专业方向：

<u>录音知情同意</u>

由于纸笔记录常常会漏掉很多访谈的细节，而这些细节信息对于研究又是极其重要的，所以我们的访谈过程最好是进行录音。您在访谈中说的任何一件事，都会被高度保密。访谈结束后，我们会把录音资料做处理，上面不会显示您个人的名字和您提到的任何他人的名字，录音只是为了让我们更多地把精力放在访谈本身而不是记录上。若是您在访谈的任何一个阶段不想被录音，您可以随时提出来，我会随时关掉录音设备。

如果您同意录音，请签字：

<u>访谈提纲</u>

1. 请您描述自己在研究生阶段最重要的任务及职责。

2. 请您尽可能详尽地描述研究生学习、科研、工作方面最成功的 2～3 件事，以及最失败的 2～3 件事。

3. 您认为一个优秀的研究生要具备哪些特质。

<u>笔记：</u>

附录二：编码词典举例

成就动机	通过把自我心中的标准和外界标准的对比显示出一个人追求卓越的动机程度。这个维度可以反映研究生是严格律己，还是放松自我。
1. 漫不经心	对待学习中的任务漫不经心，当外界的要求和标准很明确或严格时，仍然不积极去做；自己私自降低外界标准，或者投机取巧；无法生动地描述有关的学习和科研工作的细节，却热切地谈论生活上的一些事情。
2. 及格万岁	当外界的标准不严格时，只去完成最低的标准或急于交付任务，有点“做完拉倒”的感觉。虽然达到基本及格，但是没有争取优秀的意愿。
3. 乖学生	把外界的标准作为自己的标准。只要意识到外界的标准(无论是否明确提出优异的标准)，就会想要努力达到这个标准。例如，听从导师的命令和符合学校的要求，不折不扣地完成任务等。
4. 不轻易满足	在符合外界标准之后，还有自己的内部衡量标准，或者当外界没有优秀的要求时，自己给自己设定一个优秀的目标。不满足于仅仅完成任务，而是有自己的想法，例如，想要做得更好、更快、更完善，或者超过别人、有所创新等。
5. 挑战自我	设定挑战的目标，“挑战”意味有一定的难度，可能会失败，但却不是不可能达成的目标。开始设定及执行挑战的目标就可以计分，纵使目标没有达成也予计分。

管理和控制	这个维度反映了一个人降低周遭环境的不确定性的潜在动机和行为，控制感高的人表现为关注时间、秩序、信息等细节问题，并且积极主动地消除环境中的不确定性，例如，做计划、监控进度和他人的工作、时间和财务管理等；控制感低的人对秩序和资源的混乱无动于衷，在充满不确定的环境中依旧很自在，或者是无视业已存在的规则和秩序。
1. 自由散漫	没有时间和顺序的概念，尽管许多问题的发生是因为没有控制和管理，仍然无动于衷；或者反感有意义的计划、规则和秩序。
2. 不喜欢混乱	注意到了混乱会带来的潜在问题，并且感到担忧，或者感到秩序和规则是有必要和有好处的。
3. 有控制的需求	想要改变混乱的状况并表达出自己的建议，或者能够自愿配合管理或者遵守他人建立的规则和秩序，按照计划完成任务等。
4. 普通的管理和控制	简单地制订自己的计划(可能只是在脑中想想)；或者在自身职责范围内，认真地管理和控制整个任务。
5. 追求井井有条	细心地掌控和管理自己的各种资源和信息，时常检查自己的工作；或者在跨越自身责任范围，去监督和检查他人的工作，确保整个任务的万无一失。

挖掘信息	这个维度体现了一种潜在的好奇心和求知欲，表现为不满足于接受表面的结果，而要通过努力挖掘一些深层的、背后的信息，以便对事物了解得更多。
1. 没有收集额外信息	全盘接受已经给的信息，没有试图收集任何有关情境额外的信息。
2. 咨询与情境相关的人	询问身边的人，或者咨询与当前情境有关的人。例如，请教自己的导师或者周围的同学，或者同一课题或情境中的其他相关的老师。注意：如果是请教自己不认识的老师或者是透过自己的人脉找到的陌生的人则记为4等级。
3. 初步挖掘	跳到情境之外，透过网络、文献、书籍或其他现成的、比较容易获得的资源来了解更多的信息。

续表

4. 深入挖掘	想办法克服困难去接触其他的渠道或对象(非情境中的人)，获知他们的观点、背景资料及经验。或者亲自去第一现场，询问一些最了解情况的人(其他人可能会忽视这些人)。
5. 发动其他人帮忙	请其他人一起帮忙挖掘信息，这些人一般是和情境无关的人，可能是朋友、家人等。

主动性	主动性体现了一种采取行动的倾向性。主动是指在没有人要求的情况下，主动提高绩效或预防问题的发生，或者创造新的机会。
A 时间构面	
1. 错失良机	明显的机会摆在面前却没有采取行动，因而错失良机，给后来的阶段造成了困难。
2. 没有表现出主动	没有表现出主动性，但是事后也没有造成严重的后果，没有太大的影响。
3. 坚持克服困难	事先没有预防，当问题已经发生时能够展现坚持，采取一些措施来克服困难。虽然事情进展未必顺利，但也不轻言放弃。
4. 果断地把握机会	辨识和应对目前的机会或问题，在关键时刻果断“出手”。
5. 提早采取行动	提早采取行动，透过特别的努力来开创机会或避免潜在的问题。
B 努力程度	
1. 需要督促	自己很被动，需要导师不断地督促，有时甚至偷工减料。
2. 自觉完成工作	无须频繁的监督，自己能够自觉完成学习和科研任务。
3. 加班完成工作	为了按时完成工作而自己主动增加工作时间或者花费精力。
4. 承担额外的工作	虽然不属于自己的分内事，但是仍然愿意承担并且把它当成是自己的任务一样去努力完成。
5. 热爱工作	表现出对工作的狂热，为了把工作做好而付出非同一般的努力，或者不仅自己做额外的努力，还带动他人加入进来一起努力。

二、外国语言文学专业研究生胜任特征模型构建

(一)前言

外国语言文学专业是典型的文科专业，随着全球经济文化交流的不断加深，社会各领域对外语人才的水平提出了更高的要求。关于外语专业学生能力的研究主要集中在培养思路、教学方法及具体能力的培养等方面，涉及外语优秀学生能力特点的研究少之又少，且多为建立在文献分析和思辨基础上的宏观论述。一些学者强调思维能力、创新能力、知识技能多元化等在外语专业学习中的意义[1][2][3]，跨文化能力的重要性[4]，及学习策略等的重要性[5]。王雪梅通过文献分析、对英语专业硕士生、硕士生导师、教学管理人员的调查、访谈，对英语专业研究生的学术能力及影响因素进行了分析：英语专业研究生的学术能力主要包括语言认知习得能力、专业知识拓展能力和学术研究能力；学术能力发展形成学术感(即研究者对学术的敏锐感和反应)；学术能力又受到自主学习、协作探究、知行观等内部因素的影响[6]。陈新仁等通过对403名外语专业学生的调查，归纳了外语创新人才的能力4方面的构成要素，包括创新知识(专业外语知识、二外、文化知识、专业知识、百科知识)、创新能力(社交能力、实践能力、研究能力、综合能力)、创新个性(质疑精神、求知欲、思维方式)和创新品质(心理素质、意志品质、道德品质、政治素质)[7]。外国语言文学专业研究生胜任特征的研究，不仅可以在实证的基础上，深化对外语专业研究生的能力的认识，对外国语言文学专业甚至其他文科专业研究生的选拔、教学和考评也可以提供一定的参考，具有十分积极的实践意义。本研究以外国语言文学专业研究生为研究对象，运用行为事件访谈法，初步建构外国语言文学专业研究生胜任特征模型。

(二)方法和过程

1. 被试

13名被试均来自某国内重点大学外国语言文学学院，其中预访谈被试3名，正式访谈被试10名。正式访谈被试均来自研究生二、三年级，在综

合奖学金的基础上，结合教师意见确定：优秀组被试 6 名；普通组被试 4 名。

2. 工具

研究分别借助录音笔、复读软件、质性分析软件 NVivo 7.0 以及统计软件 SPSS 16.0，进行访谈录音、文本转录、编码以及数据处理工作。

3. 研究过程

(1)行为事件访谈

将被试名单进行随机打乱并隐去组别，联系被试，告知访谈的基本情况和要求，约定访谈的时间和地点。访谈地点安静、无干扰。访谈员与被试见面后，向被试出示访谈提纲，强调访谈的保密性，并给被试几分钟的思考时间，随后签署录音同意书。被试同意后方能开始录音。被试不知道研究的被试有优秀组和普通组之分。访谈结束后赠送被试小礼品。访谈时间大约在 1 小时 20 分钟左右。

通过前期对 3 名被试的预访谈，对访谈提纲进行微调，新的访谈提纲被用于对 10 名被试的正式访谈。所有 13 名被试的访谈都进行了录音，正式访谈的 10 份录音被转录为文本。

(2)编码

编码小组由人事选拔领域的 3 名研究者组成。小组在学习了 Spencer 的《通用胜任特征编码词典》后，根据对包括预访谈录音在内的访谈资料的分析，以及外语专业研究生的特点，讨论修订了 Spencer 的《通用胜任特征编码词典》的胜任特征、行为等级及行为描述，并进行了试编码。试编码后，讨论总结试编码的情况，再次对词典进行了修订和学习。修订后的词典用于正式编码，包括成就导向(AD)，分析式思考(AT)，重视秩序、品质与精确(CO)，批判意识(CR)，概念式思考(CT)，专业知识(EXP)，弹性(FLX)，目标(GO)，冲击与影响(IMP)，资讯收集(INFO)，主动性(INT)，人际了解(IU)，跨文化意识(CC)，组织知觉力(OA)，计划执行(PL)，关系建立(RB)，能力认知(SC)，自信(SCF)，自我控制(SCT)，自主学习(AL)，学习策略(SS)21 项胜任特征，以下简称为词典。

正式编码由笔者对所有的 10 份文本编码，其余两名成员分别对随机分配的3份优秀组文本及2份普通组文本进行编码。所有文本的编号再次随机打乱。接受正式访谈的被试的组别事前未告知其余两名成员。

(3)数据处理

统计每位被试的访谈时长及转录文本字数；将对相同访谈资料进行编码的2名评分者的数据汇总，统计各个胜任特征的发生频次、最高等级分和平均等级分；通过优秀组和普通组在访谈时长和字数上的差异比较、各胜任特征指标与访谈时长及字数的相关分析，选择有效的指标，在此基础上进行优秀组和普通组被试胜任特征的差异检验。

(4)建构模型

对优秀组和普通组被试在每一胜任特征上所得的平均等级分、最高等级分和发生频次进行差异检验，找出差异显著的胜任特征，初步建立外语专业研究生的胜任特征模型。

(三)结果与分析

1. 访谈时长、字数分析

10份访谈录音，其中最长的是99分钟，最短的是59分钟，平均时长为83.90分钟($SD=10.25$)，平均字数为18 340字($SD=6772.20$)。优秀组和普通组的访谈录音平均时长分别为84.17分钟($SD=3.31$)，83.50分钟($SD=17.21$)；平均字数分别为19 736字($SD=6699.55$)，16 246字($SD=7282.86$)。对优秀组和普通组的时长和字数进行Mann-Whitney U检验，两组访谈字数的差异($p=0.670$)，和访谈时长的差异($p=0.386$)均不显著。

分别对21项胜任特征的三种指标，即发生频次、最高等级分和平均等级分，与访谈时长间进行相关分析，结果表明，有3项胜任特征的发生频次与时长的相关显著，它们分别是分析式思考(AT)，概念式思考(CT)，组织知觉力(OA)；只有概念式思考(CT)的最高等级分与时长的相关显著；所有胜任特征的平均等级分与时长的相关均不显著。

再分别对21项胜任特征的三种指标，即发生频次、最高等级分和平均等级分，与访谈字数间进行相关分析，结果表明，批判意识(CR)和学习策略(SS)2项胜任特征的发生频次与字数的相关显著；只有人际了解(IU)的最高等级分与字数的相关显著；所有胜任特征的平均等级分与字数的相关均不显著。

以上结果表明，首先，优秀组和普通组间胜任特征的差异，不是由访谈的长短不同造成的。其次，胜任特征的三种指标中，平均等级分这一指标最为稳定，不受访谈长短的影响；最高等级分次之，也具有较好的稳定性，较少受到访谈长短的影响；发生频次受访谈长短的影响相对较大。

2. 编码一致性分析

对不同评分者就每一个被试评出的胜任特征平均等级分和最高等级分进行了皮尔逊相关分析，对发生频次进行了斯皮尔曼相关分析，结果如表3-9所示。

表 3-9　不同评分者在胜任特征平均等级分、最高等级分、发生频次上的相关

胜任特征	平均等级分	最高等级分	发生频次
成就导向(AD)	0.836**	0.494	0.275
分析式思考(AT)	0.682	0.911**	0.67*
重视秩序、品质与精确(CO)	0.124	0.128	0.079
批判意识(CR)	0.896**	0.671*	0.508
概念式思考(CT)	0.72*	0.876**	0.798**
专业知识(EXP)	0.94**	0.709*	0.473
弹性(FLX)	0.659	0.921**	0.729*
目标(GO)	0.803**	0.665*	0.28
冲击与影响(IMP)	0.786	0.639*	0.578
资讯收集(INFO)	0.68*	0.49	0.371
主动性(INT)	0.72*	0.524	0.063
人际了解(IU)	0.97**	0.439	0.816**
跨文化意识(CC)	0.661	0.302	0.584
组织知觉力(OA)	0.893**	0.971*	0.739*
计划执行(PL)	0.447	0.235	0.894**

续表

胜任特征	平均等级分	最高等级分	发生频次
关系建立(RB)	0.991**	1**	0.897**
能力认知(SC)	0.957**	0.969**	0.956**
自信(SCF)	0.736**	0.362	0.692*
自我控制(SCT)	0.967**	0.483	0.755*
自主学习(AL)	0.585	0.374	0.906**
学习策略(SS)	0.943	0.474	0.711*

注：* $p<0.05$，** $p<0.01$ 不同评分者在平均等级分上的一致性较高，发生频次次之，最高分相对而言较不一致。

3. 差异检验

(1)平均等级分分析

对优秀组和普通组在每个胜任特征上的平均等级分进行 Mann-Whitney U 检验结果表明，优秀组和普通组在 9 项胜任特征上均有显著的差异，分别是成就导向(AD)，专业知识(EXP)，目标(GO)，主动性(INT)，跨文化意识(CC)，计划执行(PL)，自信(SCF)，自我控制(SCT)和学习策略(SS)。

表 3-10　优秀组和普通组的各胜任特征平均等级分比较

胜任特征	优秀组		普通组		优秀组		普通组		Z	p
	M	SD	M	SD	M Rank	Sum of Ranks	M Rank	Sum of Ranks		
成就导向(AD)	3.07	1.32	1.35	1.11	7.17	43	3.00	12	−2.13	0.033*
分析式思考(AT)	2.89	0.35	1.94	1.20	6.50	39	4.00	16	−1.28	0.201

续表

胜任特征	优秀组		普通组		优秀组		普通组		Z	p
	M	*SD*	*M*	*SD*	*M* Rank	Sum of Ranks	*M* Rank	Sum of Ranks		
重视秩序、品质与精确（CO）	1.42	0.47	0.49	0.55	7.00	42	3.25	13	−1.95	0.051
批判意识（CR）	3.03	1.22	1.21	1.56	6.83	41	3.50	14	−1.71	0.088
概念式思考（CT）	2.08	0.56	1.91	1.09	5.50	33	4.00	12	−0.77	0.439
专业知识（EXP）	2.92	0.64	1.07	1.54	6.33	38	2.33	7	−2.07	0.039*
弹性（FLX）	3.30	0.78	2.43	0.61	7.00	42	3.25	13	−1.92	0.055
目标（GO）	3.32	0.55	1.84	0.60	7.33	44	2.75	11	−2.35	0.019*
冲击与影响（IMP）	2.47	1.56	3.60	0.71	3.20	16	5.00	5	−0.88	0.380
资讯收集（INFO）	3.01	1.40	1.54	0.79	6.75	41	3.63	15	−1.60	0.109
主动性（INT）	3.91	1.13	1.63	1.46	7.17	43	3.00	12	−2.13	0.033*
人际了解（IU）	2.44	0.97	2.30	1.85	4.25	17	3.67	11	−0.36	0.721
跨文化意识（CC）	2.60	0.40	1.08	0.83	7.42	45	2.63	11	−2.47	0.014*
组织知觉力（OA）	2.93	0.44	1.50	1.50	5.00	20	2.67	8	−1.47	0.142
计划执行（PL）	4.07	1.13	2.17	0.82	7.17	43	3.00	12	−2.13	0.033*

续表

胜任特征	优秀组		普通组		优秀组		普通组		Z	p
	M	*SD*	*M*	*SD*	*M* Rank	Sum of Ranks	*M* Rank	Sum of Ranks		
关系建立(RB)	5.30	1.04	2.79	2.02	6.40	32	3.25	13	−1.74	0.081
能力认知(SC)	2.57	0.37	1.78	0.69	5.70	29	2.50	8	−1.80	0.072
自信(SCF)	2.51	0.94	0.20	1.15	7.17	43	3.00	12	−2.13	0.033*
自我控制(SCT)	3.44	1.20	0.80	1.68	7.17	43	3.00	12	−2.15	0.032*
自主学习(AL)	3.08	1.26	2.16	0.23	4.75	19	3.00	9	−1.07	0.285
学习策略(SS)	3.00	0.00	0.63	0.88	5.00	25	1.50	3	−2.42	0.016*

注：* $p < 0.05$

(2)最高等级分分析

对优秀组和普通组在每个胜任特征上的最高等级分进行 Mann-Whitney U 检验结果表明，优秀组和普通组在 4 项胜任特征上有显著的差异，分别是成就导向(AD)，主动性(INT)，跨文化意识(CC)和计划执行(PL)，均被包含在平均等级分分析所得的 9 项胜任特征中。

表 3-11 优秀组和普通组的各胜任特征最高等级分比较

胜任特征	优秀组		普通组		优秀组		普通组		Z	p
	M	*SD*	*M*	*SD*	*M* Rank	Sum of Ranks	*M* Rank	Sum of Ranks		
成就导向(AD)	6.50	1.22	4.00	1.83	7.17	43	3.00	12	−2.27	0.023*

续表

胜任特征	优秀组		普通组		优秀组		普通组		Z	p
	M	SD	M	SD	M Rank	Sum of Ranks	M Rank	Sum of Ranks		
分析式思考（AT）	4.00	0.63	2.50	1.73	6.58	40	3.88	16	−1.44	0.150
重视秩序、品质与精确（CO）	2.00	0.63	1.50	0.58	6.33	38	4.25	17	−1.22	0.223
批判意识（CR）	3.83	1.60	1.75	1.71	6.83	41	3.50	14	−1.74	0.082
概念式思考（CT）	2.83	0.98	2.00	1.63	6.17	37	4.50	18	−0.92	0.356
专业知识（EXP）	3.83	0.98	1.50	1.91	6.92	42	3.38	14	−1.95	0.052
弹性（FLX）	5.00	0.89	4.25	0.96	6.33	38	4.25	17	−1.12	0.264
目标（GO）	3.83	0.41	3.00	1.15	6.33	38	4.25	17	−1.32	0.188
冲击与影响（IMP）	2.33	1.97	1.25	2.50	6.00	36	4.75	19	−0.69	0.489
资讯收集（INFO）	4.67	1.97	2.75	1.50	6.75	41	3.63	15	−1.64	0.100
主动性（INT）	6.67	0.82	4.00	2.16	7.25	44	2.88	12	−2.32	0.020*
人际了解（IU）	2.17	1.72	2.25	2.06	5.17	31	6.00	24	−0.44	0.658
跨文化意识（CC）	3.00	0.00	1.25	0.96	7.50	45	2.50	10	−2.89	0.004*
组织知觉力（OA）	2.17	1.72	1.50	1.91	5.92	36	4.88	20	−0.56	0.576
计划执行（PL）	5.33	0.82	3.75	0.96	7.08	43	3.13	13	−2.09	0.037*

续表

胜任特征	优秀组		普通组		优秀组		普通组		Z	p
	M	*SD*	*M*	*SD*	*M* Rank	Sum of Ranks	*M* Rank	Sum of Ranks		
关系建立(RB)	5.00	2.76	3.25	1.50	6.58	40	3.88	16	-1.41	0.158
能力认知(SC)	2.33	1.21	1.75	1.50	5.92	36	4.88	20	-0.60	0.547
自信(SCF)	4.17	1.33	2.25	1.71	6.83	41	3.50	14	-1.77	0.077
自我控制(SCT)	4.00	1.10	2.25	2.50	6.42	39	4.13	17	-1.21	0.228
自主学习(AL)	2.33	1.97	2.25	1.71	5.67	34	5.25	21	-0.22	0.823
学习策略(SS)	2.50	1.22	0.50	1.00	7.08	43	3.13	13	-2.24	0.025*

注：$^{*}p<0.05$

(3)发生频次分析

对优秀组和普通组在每个胜任特征上的发生频次进行 Mann-Whitney U 检验结果表明，优秀组和普通组所有胜任特征上的差异均没有达到显著。

表 3-12　优秀组和普通组的各胜任特征发生频次比较

胜任特征	优秀组		普通组		优秀组		普通组		Z	p
	M	*SD*	*M*	*SD*	*M* Rank	Sum of Ranks	*M* Rank	Sum of Ranks		
成就导向(AD)	15.00	2.68	16.00	9.63	5.42	33	5.63	23	-0.11	0.914
分析式思考(AT)	7.67	2.16	6.00	5.29	6.08	37	4.63	19	-0.75	0.454

续表

胜任特征	优秀组		普通组		优秀组		普通组		Z	*p*
	M	*SD*	*M*	*SD*	*M* Rank	Sum of Ranks	*M* Rank	Sum of Ranks		
重视秩序、品质与精确（CO）	4.33	2.07	3.75	2.22	5.83	35	5.00	20	−0.44	0.662
批判意识（CR）	3.83	2.32	4.75	3.20	5.42	33	5.63	23	−0.11	0.914
概念式思考（CT）	4.50	1.87	4.50	3.87	5.50	33	5.50	22	0.00	1.000
专业知识（EXP）	7.33	4.27	5.75	6.24	6.00	36	4.75	19	−0.65	0.516
弹性（FLX）	10.67	5.82	12.50	10.47	5.50	33	5.50	22	0.00	1.000
目标（GO）	4.33	1.86	4.75	2.06	5.00	30	6.25	25	−0.65	0.515
冲击与影响（IMP）	2.00	2.19	1.25	2.50	6.42	39	4.13	17	−1.23	0.220
资讯收集（INFO）	6.83	4.36	7.00	3.74	5.67	34	5.25	21	−0.21	0.830
主动性（INT）	12.83	4.17	16.50	11.85	5.50	33	5.50	22	0.00	1.000
人际了解（IU）	4.00	4.52	4.25	4.43	5.50	33	5.50	22	0.00	1.000
跨文化意识（CC）	3.33	2.25	3.75	4.27	5.75	35	5.13	21	−0.33	0.740
组织知觉力（OA）	2.17	1.94	3.25	2.99	5.08	31	6.13	25	−0.54	0.587
计划执行（PL）	5.50	3.15	8.25	3.59	4.75	29	6.63	27	−0.97	0.333

续表

胜任特征	优秀组		普通组		优秀组		普通组		Z	p
	M	SD	M	SD	M Rank	Sum of Ranks	M Rank	Sum of Ranks		
关系建立(RB)	3.50	4.28	4.00	2.31	5.00	30	6.25	25	−0.68	0.494
能力认知(SC)	4.33	3.44	3.75	4.35	5.92	36	4.88	20	−0.54	0.589
自信(SCF)	8.67	5.35	14.00	13.76	5.25	32	5.88	24	−0.32	0.745
自我控制(SCT)	2.67	1.97	5.50	4.36	4.50	27	7.00	28	−1.32	0.185
自主学习(AL)	1.50	1.64	6.00	7.35	4.83	29	6.50	26	−0.87	0.382
学习策略(SS)	3.00	3.03	1.75	2.06	6.08	37	4.63	19	−2.24	0.025

综合以上3个指标的差异检验结果，外国语言文学专业研究生的鉴别性胜任特征应该包括：成就导向(AD)，专业知识(EXP)，目标(GO)，主动性(INT)，跨文化意识(CC)，计划执行(PL)，自信(SCF)，自我控制(SCT)和学习策略(SS)，共9项特征。

(四)讨论

本研究的结果表明，外国语言文学专业研究生鉴别性胜任特征中，有4项胜任特征与颜立等(2008)提出的研究型大学研究生鉴别性胜任特征是一致的[8]。颜立的结果中还包括了人际理解这一胜任特征，而本研究发现了学习策略(SS)和跨文化意识(CC)等外语专业研究生胜任特征的构成要素。学习策略(SS)指学生有意识使用学习策略的程度，积极运用适合自己的学习方法等；跨文化意识(CC)指学生在学习和交际过程中，对不同文化因素的敏感性、包容性，重视对外国文化的学习和本国文化的传播，从文化的大背景出发解决实际问题等。

同时，自信、主动性及专业知识也是外语专业研究生鉴别性胜任特征，这一差异可能主要是由于专业差异造成的。由于外语专业学习突出的实践性、交际性，研究生的自信及主动性较其他专业研究生可能更为突出。自信心强的学生，往往敢于表现自己、敢于提问、敢于开口，不怕出错；而自信心弱的学生不仅不敢积极参加语言实践，还容易产生焦虑心理，在犯错后消极归因等。一些学者认为，焦虑可能是外语学习中最大的障碍[9]，而一些实证研究发现自信心与学生英语成绩尤其是听力成绩有密切的关系[10]。而主动性强的学生，不仅在时间上提前准备，主动创造机会，也在自我激励和努力程度上更胜一筹，常常主动付出额外的努力，承担未被要求的任务，由于文科专业学习任务的长期性、模糊性、弹性及重积累的特点，积极主动的学生往往能在达到更高绩效的同时，从准备和努力的过程中获得更多更广的专业知识和技能。

表 3-13 外国语言文学专业研究生与研究型大学研究生胜任特征模型的比较

外国语言文学专业研究生	研究型大学研究生
共有的胜任特征	
成就导向(AD)	重视结果
目标(GO)	兴趣
计划执行(PL)	归纳总结
自我控制(SCT)	自我控制
不同的胜任特征	
自信(SCF)	人际理解
学习策略(SS)	
专业知识(EXP)	
主动性(INT)	
跨文化意识(CC)	

与来婷婷等(2008)对 IT 大学生胜任特征的研究[11]相比，外国语言文学研究生的胜任特征模型中，没有人际理解、信息收集、团队合作、分析式思考和概念式思考这 5 项胜任特征，却有自信、学习策略、目标、自我控制和跨文化意识这 5 项胜任特征。除了上述讨论过的外语专业实践性、交际性造成的原因外，外语专业研究生的学习压力较大，同时学习任务较

模糊，在自我控制方面，表现优秀者能够有效管理压力，积极行动，表现一般者可能会逃避部分压力情境，往往也能达到要求，完成规定的任务。IT 大学生要面对相对更多的合作情境和对思维要求较高的情境，从而表现出人际理解、团队合作以及分析式、概念式思考等特征。

表 3-14　外国语言文学专业研究生与 IT 大学生胜任特征模型的比较

外国语言文学专业研究生	IT 大学生
共有的胜任特征	
专业知识(EXP)	知识水平
成就导向(AD)	成就导向
主动性(INT)	主动性
计划执行(PL)	归纳总结
不同的胜任特征	
自信(SCF)	人际理解
学习策略(SS)	信息收集
目标(GO)	团队合作
自我控制(SCT)	分析式思考
跨文化意识(CC)	概念式思考

综合以上的 3 个研究结果可以发现，成就导向(AD)、计划执行(PL)2 项胜任特征无论在外语专业研究生、研究型大学研究生还是 IT 专业大学生中，都有明显的体现。成就导向关系到学生目标的设定，高成就导向者希望不断提高绩效，不是仅满足他人或外在要求，而是设定进取性、挑战性目标，且目标具有现实的可能性；计划执行直接影响到学生日常的具体行动，高分者善于结合以往经验和实际情况制订计划，计划实施程度高，落到实处，同时善于总结经验，并及时调整，使得计划更加科学合理。

成就目标作为制约个体预期、反映其态度倾向、影响其学习行为的动力源因素，可将学习者在学习过程中心理的各方面整合起来，对学习者的认知过程及行为起着有力的调控作用[12]。通过访谈中的事例可以发现，少数学生在专业学习上仅仅以达到基本要求为目标，不思进取，影响了学生的投入程度和潜能发挥；一些学生具有较强的成就动机，但目标设定不切合自身和环境实际，造成负面情绪，屡屡受挫；部分高成就导向的学生，虽然设置了进取性目标，由于计划不当或缺乏自律，不能有效执行计划，伴随负面情绪，难以达成目标。在研究生学习过程中，合理而有挑战性的目标是实现高绩效的前提，而充分与目标相配合的恒久的行动则是实现高绩效的必经途径，两者兼具，相辅相成方能成为一名优秀的研究生。因而，在研究生的选拔过程中，成就导向和计划执行两项胜任特征应作为考察的重点，本科及研究生阶段的学生培养也应对此给予足够的重视。这可以成为今后研究的一个方向。

（五）结论

本研究采用行为事件访谈技术，通过外国语言文学专业的研究生的访谈，初步构建了外国语言文学专业研究生胜任特征模型。研究结果表明：

从访谈的时长和访谈文本的字数上来看，优秀组和普通组的差异并未达到显著水平，说明访谈长度并不会影响行为事件访谈的结果。从胜任特征的编码来看，少数胜任特征的发生频次与访谈长度有关，只有极个别的胜任特征的最高分与访谈长度有显著的相关，所有胜任特征的平均等级分与访谈长度均没有显著的相关。因此，平均等级分的结果是最为稳定的胜任特征指标。

优秀组和普通组的差异检验结果表明，外国语言文学专业研究生的鉴别性胜任特征包括：成就导向(AD)、专业知识(EXP)、目标(GO)、主动性(INT)、跨文化意识(CC)、计划执行(PL)、自信(SCF)、自我控制(SCT)和学习策略(SS)共9项特征。

三、计算机专业研究生胜任特征模型构建

（一）研究目的

本研究选择中国学科分类代码中的工程与科学技术大类下面的计算机专业作为研究对象，按照绩效标准分别选取北京工业大学计算机学院优秀研究生和一般研究生若干名进行行为事件访谈，意图从访谈事件中提取出计算机专业研究生的胜任特征，对计算机专业研究生的胜任特征模型做出初步探索。

(二)研究方法与步骤

1. 被试的选取

在北京工业大学计算机学院随机选取二、三年级研究生。在符合绩效标准的样本中随机选择3名优秀研究生和4名一般研究生作为访谈对象。其中研究生二年级5名，三年级2名。

2. 工具与方法

参考McClelland等人的研究方法，采用行为事件访谈(BEI)技术对7名研究生进行访谈。在经过被试同意后，对访谈过程进行录音。主持者要求受访者描述工作中亲身经历的三件成功和三件失败的关键事件，包括事件的起因、情境、人物、人物的思考、言语和行为、处理方式、结果及影响等，尽可能确切回忆当时的对话、行动和感受。[1]访谈后对访谈录音进行转录，转换成文字材料，使用NVivo 7.0质性分析软件进行编码。其后的数据处理使用SPSS 17.0统计软件。

3. 步骤

(1)定义被试标准

征求学院意见，依三个标准：论文发表数量、所在实验室考核成绩、获奖情况，将学生排名，定义前25%为优秀学生，定义中间50%为一般学生，定义后25%为落后学生。从前两类学生中随机选择被试，其中3名优秀研究生、4名一般研究生。

(2)实施行为事件访谈，采集数据

在得到被试名单后，去掉被试的“一般”“优秀”评价，将被试名字随机化后，逐个打电话邀请其做访谈，在访谈前除被试名字、年龄、性别以外，对其他情况不去了解，以免影响访谈效果。在得到被试同意后，约定访谈时间、地点。访谈录音前征得被试允许并阐述保密协议，访谈时间一般在一个半小时到两个小时之间。

(3)访谈录音的文本转录

请转录公司转录7份录音中的三份，其余4份由笔者本人进行转录。得到7份转录材料，共计9万余字。以此作为本次研究的原始资料。

(4)基于文本进行胜任特征编码

由笔者本人独自完成编码工作。参考 Spencer 的《才能评鉴法》(Competency at Work)中提及的“才能词典”，[2]设定16项胜任特征，对每个关键事件进行分析，标记特征。编码记录包括胜任特征在文本中出现的位置，胜任特征代码与等级。

(5)统计分析编码结果

统计指标有访谈时间、文本字数、胜任特征频次、总频次、等级分数、平均等级分数和最高等级分数等。比如：“信息获取能力”这一特征分为4个等级，如果某个被试在这一特质上的得分分别是1级3次、2级4次、3级2次、4级0次，那么他在这一特质上的总频次为9次，最高等级分为6分，平均等级分为1.89分。检验两组被试——即“优秀”“一般”两组的差异。差异检验使用SPSS 17.0统计软件。

(6)胜任特征模型初步探索

根据优秀组和普通组每个胜任特征平均等级分、最高等级分、频次差异检验结果，初步对计算机专业研究生的胜任特征模型进行探索，描述计算机专业研究生胜任特质。

(三)结果与分析

1. 频次分析

7次访谈的平均时长为1小时20分钟，其中优秀研究生访谈平均时长约为1小时29分钟，一般研究生访谈平均时长约为1小时11分钟，7篇访谈文档的平均字数为13 655字，其中优秀研究生访谈文档平均字数约为13 853字，一般研究生访谈文档平均字数约为13 497字。两组被试在访谈时间和访谈文档字数上相差很小，这两个因素对其后的分析不构成影响。

经过对访谈文档的编码与分析，最终确定16项胜任特征，分别对优秀组和普通组的16项胜任特征进行频次统计，发现仅在自信心($M-W\ U=1.000$，$p=0.04<0.05$)主动性——把握机会($M-W\ U=0.000$，$p=0.022<0.05$)两项特征上总频次存在差异，但是差异不是很显著，剩下14项特征总频次均不存在差异，这说明两组被试在总频次上的差异不及平均等级分和最高等级分重要。

2. 平均等级分和最高等级分分析

(1)平均等级分分析

对两组被试的16项特征分别进行Mann-Whitney U秩和检验，发现在成就取向——设立挑战目标($M-W\ U=0.000$，$p=0.032$)、主动性——自我激励($M-W\ U=0.000$，$p=0.031$)、分析问题的能力($M-W\ U=0.000$，$p=0.019$)、面对失败($M-W\ U=0.000$，$p=0.029$)等特质上两组被试存在显著差异，具体结果如下表所示：

表3-15　平均等级分差异检验

	成就取向：设立挑战目标	成就取向：研究的创新性	重视次序和降低不确定性	主动性：自我激励	分析问题的能力	面对失败	信息获取能力	自我控制
Mann-Whitney U	0.000	0.000	0.000	0.000	0.000	0.000	0.500	0.000
Wilcoxon W	10.000	10.000	10.000	10.000	10.000	10.000	10.500	10.000
Z	-2.141	-2.160	-2.141	-2.160	-2.341	-2.181	-1.980	-2.160
p	0.032	0.031	0.032	0.031	0.019	0.029	0.048	0.031

而在与人沟通、自信、与人建立关系、团队合作等方面差异不显著，但是优秀组的平均得分要普遍高于普通组。两组被试在总平均等级分上的检验也表明，优秀组与普通组在总平均等级分上差异($M-W\ U=0.000$，$p=0.032$)是显著的。

(2)最高等级分分析

对两组被试的最高等级分进行非参数差异检验，发现在成就取向——设立挑战目标($M-W\ U=0.000$，$p=0.031$)、成就取向——所做研究的创新性($M-W\ U=0.000$，$p=0.029$)、分析问题的能力($M-W\ U=0.000$，$p=0.014$)、重视次序和团队领导力($M-W\ U=0.000$，$p=0.031$)、主动性——对于机会的把握($M-W\ U=0.000$，$p=0.014$)这几个特质上差异显著。

表 3-16 最高等级分差异检验

	成就取向：设立挑战目标	成就取向：研究的创新性	分析问题的能力	重视次序和降低不确定性	主动性：对于机会的把握
Mann-Whitney U	0.000	0.000	0.000	0.000	0.000
Wilcoxon W	10.000	10.000	10.000	10.000	6.000
Z	−2.160	−2.181	−2.449	−2.160	−2.449
p	0.031	0.029	0.014	0.031	0.014

在与人沟通、自尊、与人建立关系等方面差异不显著，但是优秀组的最高等级分普遍高于普通组的最高等级分。经过 Mann-Whitney U 秩和检验也发现，两组被试在总最高等级分上的差异是显著的（$M-W\ U=0.000$，$p=0.032$）。

3. 对胜任特征模型的探索

参考 Spencer 所著的《才能评鉴法》，同时结合访谈文档的主题分析，提取出 11 项特征。

（1）成就导向

这里将成就导向分成三个维度：第一，设立挑战目标，这个维度着重从被试对于追求什么样的成就方面进行考查，优秀的研究生会给自己设定一个极具挑战性的目标，秉持一种将创新坚持到底的精神，例如，一个被试在北京奥组委工作期间，面对错综复杂的操作流程和操作规范，在没有前人经验可借鉴的前提下，从零做起，写出了一本完善规范的志愿者培训手册。

当时第一次做培训的时候是没有教材的，我下场馆之后，有心得了，一些细节可能把握得更到位，当时就建议我们领导编一份教材，后来也是我牵头来编写出了一份培训教材，这份教材前前后后整整编写修改了四个月。

而表现一般的研究生仅仅关注目前的任务，只是想把项目按照老师的意愿完成而已。

第二，所做研究的创新性，优秀的研究者会根据已有研究的进展提出新的观点和看法，在完成任务时往往提出具有创新性的建议。

第三，成就的影响性，即所进行的任务对所在团队的影响性。以下是一个优秀研究生的一段叙述：

我觉得应该是让整个班的人去做一件事情。比如开班会，我个人是很反对开班会的，觉得研究生开班会就是在浪费大家的时间。一开始我也没有什么经验，开班会想到什么说什么，效果不好。现在我们在做纪念册，因为要毕业了，做什么样子，花多少钱，都要大家商量一下，那我就想开个班会。首先我去调查，征求大家的意见，我再回去做方案，做了几个方案，做了可行性分析，最后大家开会投票，决定用哪个方案。这个过程走下来之后，就让每个人都觉得不是在浪费时间，而是在参与一件有意义的事情。

平均等级分与最高等级分差异检验发现，两组被试在前两个维度上存在差异，虽然优秀组在成就影响性上的平均等级分和最高等级分高于普通组，但差异并不显著。

(2)分析问题的能力

涉及思考过程的复杂程度与利用资源的能力，从将问题化解为简单的任务或操作到做出复杂的计划或分析。优秀研究生会充分利用现有资源并调动储备知识去面对问题，发掘问题背后的深层次原因，做出正确判断，提出合理见解。一般性研究生仅关注问题表面，疲于应付当前问题，缺乏深入思考。以下是一名优秀研究生在作为团队领导者时所面临的问题和处理经过：

最近也在看一些书，我觉得人和人交往就是在下一盘棋，博弈，那只有四种结果，正合，负合，你占到很大便宜，我占到很大便宜，既然我知道了这四种结果，那我就要将事情向正合方向去推动，那我就知道了人和人之间的交往也就要推向正合。和我的组员的话，我会先观察他有什么特点，安排在一个合适的位置，他既能完成我交给他的事，他自身也能得到一些收获，这就是向正合发展。然后和领导的话，就是让领导放心，过程不用领导管，只要最后能给领导一个满意的结果就好。和客户的交流是最难的，基本客户的想法都是非正合的，他们一般想用最少的支出换来你最大的劳务，只要有金钱进来的话就很难说了。你只能向着一个理想的方向努力，至于最后会有一个什么样的结果就很难预料了。

(3)关系建立

有意识地致力于建立融洽的人际关系，在研究或工作过程中有意识地利用人际关系构建融洽的研究环境。从访谈中发现，一向与计算机打交道的计算机专业研究生却具备很好的关系建立能力，两组被试在关系建立维度上的平均等级分和最高等级分都比较高，分析认为计算机专业大多需要以小组为单位完成项目任务，因此，在研究工作中很容易建立融洽的人际关系。

(4)自信心

自信心分为两个维度：第一，自信，这是一个强度维度，一个人有信心克服的挑战或风险有多少，从日常工作情况的简单独立运作到担下极具风险的任务，甚至质疑导师或权威的看法。

读别人的代码，必定要读懂的话是一个很痛苦的事情，尤其是对一个你未知的东西。这个代码就是跟踪，一句一句地跟踪，从一个整个大的函数到一个小的函数，具体到一个一层一层的递进，我都跟着他跑，他每个地方是什么样的，跟他走一通，你不太明白的地方，再根据书上的你的那部分对照看一下，然后确实不太明白的地方你可以先把它放在那里，尽可能在短时间内了解尽可能多的东西，如果是实在不太明白的地方可以先把它放在一边，当时是没有办法的办法，就是说尽可能地多花点儿时间，多耐心一点儿，就是这样把他的程度跟踪和运行一下，看他每一部分到底是干什么用的。了解之后再来改一下就比较好改了。

第二，面对失败，指某个人愿意为可以纠正的失败原因负起责任。优秀的研究生会将失败归因于他们所做的特定错误，而且该错误可以纠正，并愿意采取行动来避免重蹈覆辙，或纠正已经出现的问题。在业务与其他工作上，因为重复失败与遭人拒绝难以避免，所以杰出的表现者会将失败归因于外部因素，这种习惯可以使他们免于崩溃或情绪沮丧。

真正冲突爆发是在山东那些志愿者过来的时候。当时我这里的人非常多，只要有一个煽风点火的话，冲突马上就会爆发。当时我的心身状态也不是很好，非常疲惫，但是内火也比较大吧，当时就感到我为你们着想，你们就不理解我，就有这种幼稚的想法吧，就跟他们发了脾气，后来有一段时间我的志愿者都不敢和我说话。幸好当时还有一个和我平级的同学来协调这件事情，他跟我说了很多我不知道的事情，他同时把我那些苦衷也和我的下属说了一下，做一个纽带吧。

(5)人际沟通

人与人之间的了解与沟通能力，分为两个维度：第一，对他人的了解程度，从明确的了解意思或情绪，到了解持续行为背后暗藏的复杂原因依序条列。第二，倾听与回应他人的能力，也包括为倾听与回应他人付出的努力程度，从基本的倾听到有意识的呼应，再到采取行动协助。分析发现两组被试在这两个维度上的差异均不显著，这与关系建立维度的情况类似，从另一个侧面反映了计算机专业研究生在关系建立和人际沟通能力上的要求。

(6)团队合作

团队合作意指与他人通力合作、成为团队一部分一起工作而非分开工作或互相竞争。计算机专业研究生在完成一个项目的过程中，往往会组成一个团队去完成，队伍成员各自负责一个部分的任务，因此，计算机专业研究生的团队合作能力往往很强，差异检验也发现，两组被试在团队合作维度上不存在显著差异($p=0.079$)。

(7)重视次序与降低不确定性

重视次序与成就导向有关，亦即关心维持品质准确的标准。优秀研究生会在完成自己的任务后同时监控其他人的进度，从整体上增进项目的有序性，对项目的有序进行起到正向推动作用。比如：

当初，我是软件组的副组长，基本上不可能拿一些大主意，但组长会很忙，他也有开发和管理的这种任务，所以说他是很累的。一个人的精力是有限的，尤其是做软件的，有时候自己一边要去做程序还要去照顾组员的话，我自己曾经尝试过，很累。作为副组长的话，有一些管理上的日常工作的话，得替组长多考虑一些，有可能会疏漏，当他疏漏的时候，还不能太直接地去指出来，可能就需要在侧面去提醒一下，或者暗地里把事情解决了，如果他能听进去当然最好了。当时也是比较年轻吧，有的时候感觉他没听进去，也是很恼火的，心里想要是听我的，这事不就对了吗？但是不能表现出来，因为团队闹内部矛盾是最危险的事情，所以说只能是暗地里去帮他，但是不能把矛盾摆在桌面上。

一般研究生更多关注自身的任务，检查自己的工作是否做好，很少会为保持一个秩序良好的实验室环境去做一定事情。

(8)主动性

主动性的重点在于采取行动，主动的意义在于在没有人要求的情况下，超乎工作预期和原有需要层级的努力，这些付出可以改善及增加效益，以及避免问题的发生，或创造一些新的机会。这里将主动性分为两个维度：第一，对机会的把握，优秀研究生会更倾向于寻求机会，主动预判机会的来临，一般研究生往往坐等机会来临，甚至在机会到来时错过机会。

研一的时候听说学校想宣传这个东西，但是后来也没见什么行动，后来我做班长之后，我就觉得别人不知道我们班在干什么。当时已经做了几场测试赛了，我就和校党委去谈这个宣传的事情，后来决定用宣传栏搞宣传，做了十几块展板。从奥运班的组建到奥运班在组委会做了什么，都贴了一些照片，当时就觉得效果挺好的。

第二，自我激励，自我努力，对研究的热情，关注任务的程度。优秀研究生会全身心地投入到研究中去，一般研究生在研究遇到瓶颈时会比较沮丧，不能坚持到底。

(9)专业知识的获取

在这一维度上，两组被试都表现出了高得分(优秀组平均得分2.85，普通组平均得分2.64，最高等级分为3)，说明计算机专业研究生在获取专业知识方面具有比较强的动机，这同时也符合研究生的身份。

(10)信息的获取能力

这一维度重点在专业知识以外的信息的获取上，对信息的敏感性，对获取信息的渴求强度。两组被试在平均等级分上的差异不显著($p=0.079$)，在最高等级分上的差异显著($p=0.048$)，但是这种显著性是极其微弱的，鉴于被试数量较少，存在极端值影响统计结果的情况。

(11) 自我控制

在遇到突发事件或者情绪上的波动时，调节自身的情绪状态，采取行动处理事件，使用压力管理技巧来控制反应、避免崩溃，有效处理持续的压力，甚至可以在压力非常大的情况下让他人冷静，并控制自己的情绪。两组被试在这一维度上的得分比较接近，差异检验不显著。这可以从计算机专业研究生的理科背景来解释，长期的理科思维锻炼下，这些人习惯于在遇到难题时冷静思考，理性分析问题，这也是计算机专业研究生的一个共同特质。

如果说从身体素质上都比我好，你一看也能看出来，我这人比较瘦，但是我耐力还行，我一开始一直在最后，然后是大概还剩两圈的时候我开始追上了我前面那个人，前面还有两个人，最后一圈的时候把他们赶上了，跑了第一名。所以说我觉得，不能说你在面对困难的时候，你就得轻易放弃，你得坚持。

参考两组被试在上述特征上的平均等级分和最高等级分，以及平均等级分和最高等级分的差异检验，初步建立了计算机专业研究生的胜任特征模型，见下表：

表 3-17　计算机专业研究生的胜任特征模型

<table>
<tr><th></th><th colspan="4">具体特征</th></tr>
<tr><td rowspan="2">鉴别性胜任特征</td><td>成就取向：设立挑战目标</td><td>成就取向：研究的创新性</td><td>重视次序和降低不确定性</td><td>主动性：自我激励</td></tr>
<tr><td>分析问题的能力</td><td>面对失败</td><td>信息获取能力</td><td>自我控制</td></tr>
<tr><td rowspan="2">基准性胜任特征</td><td>自信心</td><td>关系建立</td><td>人际沟通：对他人的了解程度</td><td>人际沟通：倾听他人的能力</td></tr>
<tr><td>团队合作</td><td>主动性：对机会的把握</td><td>知识获取能力</td><td></td></tr>
</table>

鉴别性胜任特征可以区分出优秀研究生和一般研究生，可以作为评优

和推荐的参考标准，基准性胜任特征代表计算机研究生的典型特质，可以作为甄选计算机专业研究生的考查内容。

（四）讨论

1. 胜任特征模型的应用

目前国内对于胜任特征的研究方兴未艾，很多企事业单位开始从传统的测验、考核转向研究基于胜任特征的人员招聘与评价体系。本文对计算机专业研究生的胜任特征模型进行了初步探讨，以期从理性上对计算机专业研究生的特质加以研究分析，从而为计算机专业研究生的选拔与评价提供参考。当前研究生的选拔还是靠专家教授的经验，而优秀研究生的评选也仅仅参考论文发表和教授评价，因此无论是选拔还是评价都存在着不科学不客观的情况，针对这种现象，有必要对计算机专业研究生特质进行科学的研究，推动研究生教育向科学规范发展。

2. 关于研究方法

（1）行为事件访谈

在对研究生进行访谈时，我们总结出一些经验：

与管理、销售人员相比，学生任务具有长期性，可能没有丰富的可供讲述的事例，而成功失败的直接体现往往在考试或是择业上，而我们比较关注他们在科研或者是学习中遇到的挫折以及如何应对的，因此，在对待关键事件时要做好鉴别。

需要着重问“当时的感受是什么？当时是如何思考的又采取了哪些行动?”因为学生是脑力劳动者，许多的问题解决来源于思考，而很多时候如果不追问，被试可能会忽略掉当时的想法，从而造成信息的丢失。

由于专业的差异，被访谈者所讲述的东西可能是访谈者听不懂的，这时要注意不能因此而影响被访谈者的讲述，要鼓励被访谈者继续讲述访谈者听不懂的东西。可以运用一些技巧，比如，表现得有兴趣，或者安排对其专业比较了解的访员进行访谈。因为，如果被试由于访谈者听不懂而将内容省略、简单化，都有可能导致信息丢失。

（2）关于被访者提供的行为事件

行为事件访谈（BEI）技术要求被访者在访谈中叙述多件关键事件，要求被访谈者描述当时的详细情况以及自身采取了什么行动。这些研究生提供的事例主要集中在课程的学习、研究项目、考试、竞赛这几类。体现出这样一些特点。

优秀组能够提供的成功事件较多，并能够生动地回忆，有时还伴随一些情绪唤起，而普通组讲述的某些成功事件偏重偶然性，即"无心插柳柳成荫"式的成功，对细节的讲述不如优秀组，这时就要求访谈者对事件进行追问，尽可能了解事件的详细情况和受访者当时的行动、感受、思考过程等。

优秀组的成功事件多为成功完成某个项目，参加某次竞赛取得优秀成绩等，并且他们往往在这些竞赛和项目中起领导和骨干的作用，所以在后来的编码中优秀组有许多"团队领导""培养他人"的特征出现，普通组则几乎没有此项。

优秀组对于学习、研究中细节的关注比较多，逻辑清晰，记得也比较清楚，大多表达能力也很好。而普通组显得对学习、研究上的细节关注得比优秀组少，对细节的记忆不如优秀组清晰，所以有时讲述显得比较轻描淡写，致使访谈难以深入。

3. 与相关研究所得结论的比较

在颜立的研究中，得出了10项胜任特征，其中5项鉴别性特征，5项共同特征，在此将本研究得出的结果与颜立的研究进行比较[3]。

表3-18　与相关研究的胜任特征的比较

	相关研究	本研究
		相同的胜任特征
优秀	重视结果	成就取向：设立挑战目标
	自我控制	自我控制
共有	主动性	主动性：时间构面
	自信	自信心
	与人交流	人际沟通：对他人的了解程度
		人际沟通：倾听他人的能力

续表

有差异的胜任特征		
优秀	人际理解	成就取向：所做研究的创新性 重视次序和降低不确定性 主动性：自我激励 分析问题的能力 面对失败 信息获取能力
共有	信息搜集 分析式思考	关系建立 团队合作

从上表中可以发现，本研究认为优秀研究生具备的分析问题的能力和信息获取的能力在颜立的研究中被认为是所有研究生所共有的，而本研究中认为普通研究生所共有的人际沟通能力，在颜立的研究中被认为是优秀研究生才具备的。同时，本研究在特征数量上要多于颜立的研究，优秀研究生所具备的重视次序和降低不确定性、面对失败等特征在颜立的研究中没有涉及。

(五)结论

本研究通过对7名计算机专业研究生的行为事件访谈，对计算机专业研究生的胜任特征模型进行了初步的探索，提取出了8项鉴别性胜任特征：成就取向——设立挑战目标、成就取向——所做研究的创新性、重视次序和降低不确定性、主动性——自我激励、分析问题的能力、面对失败、信息获取能力、自我控制；7项基准性胜任特征：关系建立、人际沟通——对他人的了解程度、人际沟通——倾听他人的能力、团队合作、主动性——时间构面、知识获取能力、自信心。其中鉴别性胜任特征可以作为评优推荐的依据，基准性胜任特征可以作为选拔研究生的依据，鉴于被试数量较少，本次研究的差异检验尚缺乏足够的数据加以支持，在以后的研究中应加大被试数量，进一步完善计算机专业研究生的胜任特征模型。

四、数学专业研究生胜任特征模型构建

(一)研究目的

本研究拟选取自然科学领域下的数学这一学科的研究生进行研究，进而初步探索数学专业研究生的胜任特征。

(二)研究方法

采用BEI行为事件访谈法，让受访对象回忆5~6项在工作上印象深刻的事件，其中包括2~3项最成功以及2~3项挫折的经验，访谈过程中注意询问事件发生的时间、地点、人物、起因、经过以及受访者个人的内心体验和看法，对整个访谈过程录音，同时主试手写记录一些重要的体验或者事件。全部访谈结束之后，对访谈录音进行转录，运用NVivo7.0软件对访谈内容进行编码，利用SPSS 13.0软件对编码得到的数据进行分析。

(三)研究过程

1. 绩效标准

通过与某重点大学数学科学学院院系党委办公室的老师的交谈，一方面，确定选取获得奖学金(社会工作奖或学术优秀奖)的学生作为研究中的优秀的研究生，其中奖学金的评选标准为：(1)各科成绩必须达到80分以上；(2)必须在核心期刊发表过论文才能获得学术优秀奖；(3)必须在班会、团委或者党委担任一些职务才能获得社会工作奖。另外，对于普通的研究生，采用老师推荐的方式进行选取。

2. 被试

选取某重点大学数学科学学院研二和研三的硕士研究生共11人，预访谈1人，最后进入正式访谈共10人，男女各5人。

3. 实施访谈

提前2~3天电话预约被试，商定访谈时间和地点，并在访谈前一小时发短信确认预约。访谈开始前向被试介绍访谈的目的以及形式，向被试展示访谈提纲，以便被试在访谈前做一些准备。同时，征得被试同意对访谈进行全程录音，待被试签定录音知情同意书后，正式实施访谈。访谈结束，

表达感谢并赠送小礼物。

4. 编码

将录音转录成 Word 文档，采用改编了的 Spencer 的《通用胜任特征编码词典》，运用 NVivo7.0 软件对文字信息编码。

(1)预编码

由小组两位同学对两份访谈进行编码，比较编码结果，使双方对各胜任特征的理解以及对文本长度的选择初步达成一致。同时，修正《通用胜任特征编码词典》，删除在编码中没有出现的胜任特征，并加入编码中遇到的新的胜任特征。

(2)正式编码

预编码结束后，参照修正后的胜任特征词典，正式对 10 份访谈内容进行编码。

5. 数据处理

正式编码结束后，汇总编码结果，整理每个被试在每个特征上出现的频次、平均等级分、最高等级分。运用 SPSS 13.0 软件对这些数据进行处理。

(四)研究结果

1. 访谈字数和访谈时间分析

优秀组和普通组的平均访谈字数分别为 17 690 字和 14 912 字，平均访谈时间分别为 3774 秒和 3787 秒。Mann-Whitney 秩和检验结果表明，两组访谈字数($U=6$，$p=0.35$)和访谈时间($U=9$，$p=0.732$)的差异均不显著。

如表 3-19 相关分析表明，16 项胜任特征中，采用频次计分只有一项特征(分析式思考)的得分与访谈长度显著相关，采用最高等级分计分有两项特征(主动性自我激励或努力成果、自我控制)与访谈长度显著相关，采用平均等级分计分，有三项特征(主动性自我激励或努力成果、资讯收集、自我控制)与访谈字数显著相关。这说明，访谈长度对这三种计分方法的影响并不大。

表 3-19　胜任特征频次、平均等级分、最高等级分与访谈长度相关系数表

胜任特征	长度与频次 r	长度与平均等级分 r	长度与最高等级分 r
踏实	0.167	-	-
悟性	0.346	-	-
兴趣	0.297	-	-
激励成就行动的强度和完整性	0.092	-0.024	0.073
创新的程度	0.389	0.108	0.223
分析式思考	0.827**	0.335	0.598
改变幅度	0.115	0.500	0.542
概念式思考	0.361	0.013	0.240
关系建立	0.178	0.279	0.520
面对失败	-0.327	0.429	0.215
行动速度	0.465	0.558	0.558
主动性时间构面	-0.504	0.485	0.078
主动性自我激励	-0.154	0.666*	0.737*
资讯收集	-0.540	0.657*	0.496
自我控制	0.135	0.811**	0.859**
自信	0.014	0.294	0.294

注：$^{*}p<0.05$，$^{**}p<0.01$

2. 胜任特征的频次分析

如表 3-20，Mann-Whitney 秩和检验结果表明，优秀组和普通组在关系建立（$U=2.0$，$p=0.05$）、概念式思考（$U=2.5$，$p=0.05$）这两项特征的频次上存在着显著的差异，优秀组的特征频次高于普通组。另外，在对编码的时候加入的三个新的特征（踏实、悟性、兴趣）做频次分析发现，优秀组在悟性（$U=1.5$，$p=0.016$）和兴趣（$U=3.0$，$p=0.05$）这两项特征上的得分均显著高于普通组。

结合频次与访谈字数的相关分析结果，一方面，发现关系建立、概念式思考、悟性、兴趣这四项胜任特征的频次和访谈字数的长度并没有显著相关，说明这四项胜任特征的频次较少受到访谈长度的影响，从而排除了访谈长度这一变量的影响；另一方面，优秀组和普通组在这四项胜任特征的频次上存在显著的差异，说明这四项特征能够将优秀和普通区分开来。所以这四项胜任特征有很大可能是数学专业研究生的鉴别性胜任特征。

表 3-20　不同绩效组胜任特征频次、平均等级分、最高等级分差异比较分析表

胜任特征	胜任特征频次		胜任特征最高等级分		胜任特征平均等级分	
	U	p	U	p	U	p
踏实	9.0	0.513	–	–	–	–
悟性	1.5	0.016*	–	–	–	–
兴趣	3.0	0.050*	–	–	–	–
激励成就行动的强度和完整性	10.5	1.0	9.0	0.674	10.0	0.888
创新的程度	6.5	0.339	4.5	0.123	4.5	0.122
分析式思考	6.5	0.303	0	0.015*	0	0.015*
改变幅度	9.5	0.807	0	0.016*	1.5	0.034*
概念式思考	2.5	0.05*	0.5	0.018*	0	0.013*
关系建立	2.0	0.05*	0.5	0.021*	2.0	0.044*
面对失败	9.0	0.711	1.0	0.027*	2.0	0.037*
行动速度	10.0	0.886	9.0	0.673	9.0	0.673
主动性时间构面	5.0	0.194	6.5	0.36	6.0	0.274
主动性自我激励	4.0	0.124	0	0.016*	3.0	0.066
资讯收集	7.5	0.434	2.0	0.052	1.5	0.037*
自我控制	3.0	0.063	0	0.015*	4.5	0.122
自信	5.0	0.123	0	0.016*	0.5	0.021*

注：$*p<0.05$

3. 胜任特征的最高等级分分析

如表 3-20，对各项特征的最高等级分别做 Mann-Whitney 秩和检验，结果表明优秀组有七项特征的最高等级分显著高于普通组，它们分别是：分析式思考（$U=0$，$p=0.015$）、改变幅度（$U=1.5$，$p=0.034$）、概念式思考（$U=0$，$p=0.013$）、关系建立（$U=2.0$，$p=0.044$）、面对失败（$U=2.0$，$p=0.037$）、资讯收集（$U=1.5$，$p=0.037$）、自信（$U=0.5$，$p=0.021$）。

表 3-19 相关分析表明这七项特征和访谈字数没有显著的相关，一方面，说明这七项胜任特征很少受到访谈字数的影响，从而排除了访谈长度这一变量的影响；另一方面，优秀组和普通组在这七项胜任特征的最高等级分上存在显著的差异，说明这七项胜任特征能够将优秀和普通区分开来。因而，七项胜任特征有很大可能是数学专业研究生的鉴别性胜任特征。

4. 胜任特征的平均等级分分析

如表 3-20，Mann-Whitney 秩和检验结果表明，优秀组有八项特征的平均等级分显著高于普通组，它们分别是：改变幅度（$U=0$，$p=0.016$）、分析式思考（$U=0$，$p=0.015$）、概念式思考（$U=0.5$，$p=0.018$）、关系建立（$U=0.5$，$p=0.021$）、面对失败（$U=1.0$，$p=0.027$）、自我激励或努力成果（$U=0$，$p=0.016$）、自我控制（$U=0$，$p=0.015$）、自信（$U=0$，$p=0.016$）。

表 3-19 相关分析结果表明，自我激励或努力成果、自我控制这两项胜任特征的平均等级分和访谈字数显著相关，说明这两项特征的平均等级分很大程度上受到访谈字数的影响。所以，最后剩下改变幅度、分析式思考、概念式思考、关系建立、面对失败、自信这 6 项胜任特征能够排除访谈字数这一变量的影响，所以同理，这 6 项胜任特征有很大可能是数学专业研究生的鉴别性胜任特征。

（五）讨论

1. 关于计分方式

3 种计分方式中，采用频次计分只有一项胜任特征与访谈字数显著相关，也就是说，胜任特征采用频次计分最能够不受访谈字数的影响，这一结果也印证了时勘[1]等人的研究结果。另外，采用频次、最高等级分和平均等级分这三种指标计分最后得到的鉴别性胜任特征分别为四项、七项和八项，这说明这三种计分方式都可以用于区分不同绩效组，同时，采用平均等级分这一指标进行统计分析能够更好地区分优秀组和普通组，这也是符合以往的研究结果的，以往研究表示，采用平均等级分这一指标进行统计分析具有更好的稳定性和区分性，国内时勘等人也证明了这一结论。

2. 关于新增的胜任特征

一方面，在正式编码的过程中，发现 Spencer 的《通用胜任特征编码词典》中列举的很多特征，并未在本研究所得的十个访谈文本中出现，例如，组织知觉力、以客户服务为导向等特征，在编码中没有遇到过能够证明这些特征的内容。原因可能是这些特征在很大程度上是与工作相关的特征，而此次研究的对象为研究生，他们还未经历过这些与工作相关的经验，所以这些特征在他们身上没有得到体现。

另一方面，在编码过程中发现受访者有些行为并不能被 Spencer 的《通用胜任特征编码词典》所解释，所以在编码的时候引入了 3 个新的特征：兴趣、悟性、踏实，兴趣是指对本专业和学习的热爱，悟性是指在复杂情境中抓住关键问题的能力，踏实是指勤奋刻苦、耐心完成工作和学习的能力。数据分析表明，优秀研究生和普通研究生在悟性和兴趣两个维度上差异显著。从而在 Spencer 的《通用胜任特征编码词典》的基础上增加了悟性和兴趣这两个胜任特征。

3. 关于数学专业研究生的胜任特征

对于各项特征频次、最高等级分以及平均等级分的分析表明，一方面，优秀组和普通组在关系建立、概念式思考、悟性、兴趣、分析式思考、改变幅度、面对失败、资讯收集、自信这九项胜任特征上差异显著，说明这九项胜任特征能够将优秀组和普通组区分开来，所以这九项胜任特征很有可能是数学专业研究生的鉴别性胜任特征。另一方面，由于优秀组和普通组在踏实、激励成就行动的强度和完整性、创新的程度、行动速度、主动性时间构面、主动性自我激励或努力成果、自我控制这 7 项胜任特征上各项分析的差异均不显著或者受到了访谈字数变量的影响，所以这 7 项胜任特征并不能将优秀组和普通组区分开来，可以认为这七项胜任特征为数学专业研究生的共同性胜任特征。

（六）研究结论

（1）胜任特征的频次、平均等级分、最高等级分都能用于区分优秀组和普通组，其中胜任特征平均等级分是最具有区分性的指标。

(2)数学专业研究生的鉴别性胜任特征有：关系建立、概念式思考、悟性、兴趣、分析式思考、改变幅度、面对失败、资讯收集、自信。

五、管理学专业研究生胜任特征模型构建

(一)研究目的

本研究以管理学专业为例，希望通过对管理学专业优秀的硕士研究生胜任特征的归纳，为选拔管理学专业的硕士研究生提供考核内容上的参考。

1992年11月1日公布的《中华人民共和国学科分类与代码国家标准(GB/TI374592)》将“管理学”列为工程技术科学的一个一级学科(代码630)，下设有管理思想史、管理理论、管理心理学、管理计量学、部门经济管理、科学学与科技管理、企业管理、行政管理、管理工程、人力资源开发与管理、管理学其他学科共11个二级学科和48个三级学科。《中华人民共和国学科分类与代码国家标准》首次确认了管理科学在整个科学知识体系中的地位，正式提出了管理科学的学科层次结构。

本文中，对“管理学”的学科划分以《中华人民共和国学科分类与代码国家标准》为参照标准。

(二)研究设计

采用行为事件访谈法，即让被访谈者在访谈者的引导下讲述自己在硕士研究生阶段2~3件成功事件和2~3件失败事件。征得被访谈者同意后进行录音，并将录音转录成文本进行编码分析和差异检验。

访谈采取了单盲设计，被访对象不知道访谈有优秀和一般的差异(理想状态下应采取双盲设计，即访谈者也不知道被访谈者是否属于优秀组。但因操作上的限制，本研究采用了单盲设计)。

1. 研究程序

本研究包含查阅文献、选取效标样本、行为事件访谈、特征编码、数据分析、结果讨论6个步骤。其中，行为事件访谈是收集原始资料的阶段，而特征编码则是根据胜任特征词典处理原始资料的一个重要步骤。具体研

究程序如图 3-2 所示：

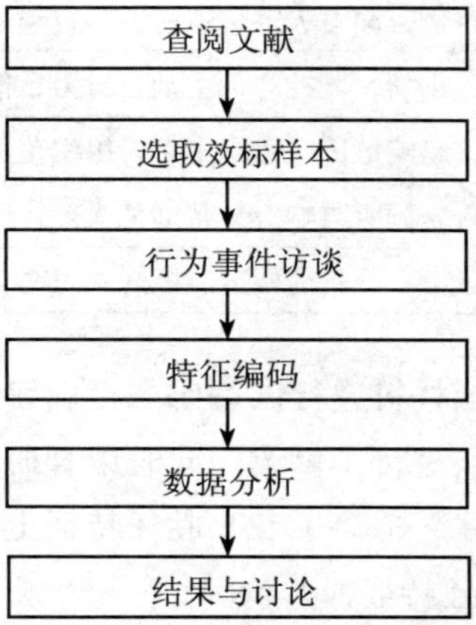

图 3-2　研究程序

(1)选取效标样本

样本在北京师范大学管理学院选取。综合奖学金获得情况，实习和社会活动经历以及导师意见，确定了 4 名研究生作为优秀组，3 名研究生作为绩效普通组。被试共 7 名。

(2)行为事件访谈

聘用一名研究助理，由两人共同进行访谈。首先学习访谈技术，进行访谈训练。然后预访谈了两名管理学研究生。

正式访谈中提前与被试预约，备好录音设备，访谈时在征得被访谈者同意下进行全程录音。保证访谈在安静的环境中进行(附录 1：行为事件访谈提纲)。

(3)特征编码

编码人员为 2 名，均为心理学专业，在编码之前均有足够的知识储备，初步掌握了编码的技术，熟悉了编码的规则以及概念的界定。参照 Spencer 的《通用胜任特征编码词典》，浏览了访谈资料以及访谈中被访谈者提到的应该具备的素质，将可能用到的胜任特征提炼总结，并给予简单的定义。基本胜任特征如表 3-21所示：

表 3-21　基本胜任特征

个人效能族	耐力，自信，面对失败，适应力，行动速度
成就与行动族	竞争力，创新，监控力，主动，努力，信息搜集
冲击与影响族	影响力，影响范围，组织了解，组织范围
帮助与服务族	了解他人，倾听与响应，帮助他人
认知族	分析式思考，分析的幅度，概念式思考，归纳的幅度

随机挑选了一份访谈材料进行试编码。在试编码过程中对以前定义模糊、划分不清的胜任特征进行了修改；同时结合研究生的特点，重新界定了对各个等级的行为描述，精简了各个胜任特征上的等级。完善了胜任特征词典(附录 2：基本胜任特征词典示例)。

根据完善后的胜任特征词典，对 7 份访谈文稿进行编码(附录 3：编码文档示例)。

(4)数据分析、结果与讨论

将编码结果汇总。统计出每个被试在每个特征出现的频次、平均等级分、最高等级分。

将 7 个被试的数据输入 SPSS 13. 0 软件进行处理。对结果进行讨论。

(三)数据分析

1. 访谈长度、字数

在访谈的 7 名被试中，访谈录音最长的为 68 分钟，最短的为 50 分钟，平均为 54. 86 分钟(标准差 = 6. 94)。其中，优秀组的平均访谈时间为 57. 25 分钟(标准差 = 8. 846)，普通组的平均访谈时间为 51. 67 分钟(标准差 = 0. 577)。由于访谈过程中存在休息、中断等情况，录音长度与实际访谈长度有一定出入，故将访谈录音经转录整理后形成的结构文档字数作为访谈长度的衡量标准。

最终形成的结构文档最长为 12 216 字，最短为 4081 字，平均为 6619. 57 字(标准差 = 2891. 537)。其中，优秀组平均长度为 7870. 25 字(标准差 = 3287. 287)，普通组平均长度为 4952 字(标准差 = 1254. 586)。

经 Mann-Whitney U 秩和检验，优秀组和普通组在结构文档长度上没有显著差异(Mann-Whitney U = 2. 000, $p > 0.05$)。

2. 描述统计

编码后分别采用每项胜任特征出现的频次、平均等级和最高等级三个维度进行分析。三个维度的描述统计结果如下。

表 3-22　胜任特征频次描述统计

胜任特征	普通组		优秀组	
	M	*SD*	*M*	*SD*
耐力	3. 333	2. 309	3. 500	1. 291
自信	2. 667	1. 155	5. 500	5. 802
面对失败	1. 333	0. 577	2. 500	2. 517
适应力	1. 667	0. 577	1. 500	0. 577
行动速度	2. 333	1. 155	0. 750	0. 500
竞争力	2. 333	2. 082	3. 250	2. 630
创新	0. 000	0. 000	1. 500	1. 000
监控力	2. 000	1. 000	2. 250	1. 258
主动	2. 333	0. 577	2. 250	1. 258
努力	2. 667	2. 309	3. 000	2. 000
信息搜集	2. 333	1. 528	2. 750	2. 986
影响力	3. 333	1. 155	3. 500	1. 291
影响范围	0. 667	1. 155	2. 500	1. 732
组织了解	1. 000	0. 000	4. 000	4. 082
组织范围	1. 667	1. 528	1. 500	2. 380
了解他人	4. 000	2. 646	4. 250	0. 957
倾听与响应	1. 667	1. 528	4. 000	2. 582
帮助他人	2. 000	1. 732	1. 000	1. 414
分析式思考	1. 667	0. 577	5. 750	1. 708
分析的幅度	0. 333	0. 577	3. 000	0. 816
概念式思考	1. 000	1. 000	1. 500	1. 732
归纳的幅度	1. 333	1. 528	1. 250	1. 893

表 3-23　胜任特征平均等级描述统计

胜任特征	普通组		优秀组	
	M	*SD*	*M*	*SD*
耐力	3. 333	1. 155	8. 250	8. 884
自信	5. 000	0. 000	6. 250	1. 893
面对失败	2. 333	0. 577	2. 250	1. 708
适应力	4. 000	1. 000	4. 750	0. 957
行动速度	3. 333	2. 082	1. 500	1. 291
竞争力	4. 333	3. 786	11. 750	9. 465
创新	0. 000	0. 000	2. 250	1. 500
监控力	5. 000	2. 646	7. 250	5. 852
主动	3. 333	1. 528	4. 250	2. 500
努力	3. 667	3. 215	6. 000	2. 828
信息搜集	7. 000	4. 583	4. 750	4. 113
影响力	7. 000	4. 583	9. 250	5. 123
影响范围	4. 667	8. 083	4. 750	1. 708
组织了解	4. 667	1. 155	8. 250	10. 595
组织范围	3. 667	3. 512	1. 500	1. 915
了解他人	7. 000	2. 646	8. 500	5. 802
倾听与响应	5. 000	5. 000	5. 750	4. 031
帮助他人	7. 667	6. 429	3. 250	4. 272
分析式思考	4. 000	1. 000	7. 000	3. 916
分析的幅度	1. 667	2. 887	4. 750	1. 893
概念式思考	3. 667	4. 041	3. 250	2. 500
归纳的幅度	2. 000	2. 000	1. 250	1. 893

表 3-24　胜任特征最高等级描述统计

胜任特征	普通组		优秀组	
	M	*SD*	*M*	*SD*
耐力	6. 333	2. 517	11. 500	8. 062
自信	4. 000	1. 000	7. 250	2. 630
面对失败	2. 333	1. 528	2. 750	0. 500
适应力	5. 333	1. 155	3. 750	0. 500
行动速度	1. 667	0. 577	2. 500	0. 577
竞争力	2. 000	1. 732	7. 500	6. 245
创新	1. 000	1. 000	2. 000	1. 155
监控力	2. 000	0. 000	7. 000	4. 082
主动	2. 333	0. 577	5. 000	2. 828
努力	2. 000	2. 000	4. 750	0. 957
信息搜集	6. 333	4. 933	4. 500	0. 577
影响力	2. 667	0. 577	6. 750	5. 737
影响范围	2. 000	1. 732	4. 500	1. 291
组织了解	4. 333	1. 528	4. 750	2. 500
组织范围	3. 333	0. 577	3. 000	2. 582
了解他人	5. 667	3. 512	6. 250	4. 349
倾听与响应	3. 333	2. 082	4. 500	2. 887
帮助他人	8. 000	6. 245	3. 500	2. 517
分析式思考	3. 000	0. 000	6. 750	2. 500
分析的幅度	1. 000	1. 000	4. 000	1. 633
概念式思考	4. 667	3. 055	5. 500	2. 646
归纳的幅度	1. 333	0. 577	2. 250	1. 258

3. 各种计分方式与长度的相关分析

在统计处理编码的数据时，通常采用胜任特征频次、平均等级和最高等级三项指标。为了考查哪种指标更为稳定，首先分析这些指标与访谈文本长度之间的关系。结果如表 3-25 所示。

表 3-25　频次、平均等级、最高等级与访谈长度的相关

胜任特征	长度与频次	长度与平均等级	长度与最高等级
耐力	0.091	0.131	0.397
自信	0.271	0.385	0.355
面对失败	0.326	0.334	0.659
适应力	−0.169	0.318	−0.089
行动速度	−0.160	−0.144	−0.184
竞争力	−0.325	0.338	0.003
创新	0.012	0.888**	0.611
监控力	−0.198	0.436	0.695
主动	−0.359	−0.314	−0.194
努力	−0.314	0.329	0.623
信息搜集	−0.687	−0.864*	−0.821
影响力	0.405	0.257	0.562
影响范围	0.049	0.608	0.441
组织了解	−0.165	−0.509	−0.449
组织范围	−0.492	−0.315	−0.391
了解他人	0.249	−0.269	0.527
倾听与响应	0.234	−0.063	0.168
帮助他人	−0.686	−0.766*	−0.700
分析式思考	0.855*	0.382	0.835*
分析的幅度	0.285	0.197	0.174
概念式思考	0.225	0.763*	0.418
归纳的幅度	0.056	−0.036	−0.029

注：* $p<0.05$，** $p<0.01$

相关分析结果显示，采用平均等级计分，22 项胜任特征中有 4 项与访谈长度显著相关。而频次和最高等级分别有一项与访谈长度显著相关。说明在本研究中，频次、平均等级和最高等级三项指标都是比较稳定的。

4. 差异检验

分别以每项胜任特征出现的胜任特征频次、平均等级分和最高等级分为指标，对优秀组和普通组每个特征的得分进行差异检验。

表 3-26　胜任特征频次差异检验

胜任特征	Mann-Whitney U	p
耐力	5. 000	0. 714
自信	4. 500	0. 589
面对失败	4. 000	0. 459
适应力	5. 000	0. 683
行动速度	1. 500	0. 076
竞争力	5. 500	0. 858
创新	0. 000	0. 022*
监控力	5. 500	0. 853
主动	5. 000	0. 696
努力	6. 000	1. 000
信息搜集	6. 000	1. 000
影响力	5. 500	0. 853
影响范围	2. 000	0. 138
组织了解	1. 500	0. 079
组织范围	5. 000	0. 714
了解他人	5. 000	0. 714
倾听与响应	2. 500	0. 212
帮助他人	3. 000	0. 266
分析式思考	0. 000	0. 032*
分析的幅度	0. 000	0. 031*
概念式思考	5. 500	0. 853
归纳的幅度	5. 500	0. 853

注：$* p < 0.05$

从表 3-26 可以看出，以胜任特征频次为标准时，在普通组和优秀组之间创新、分析式思考、分析的幅度等三项胜任特征差异显著。同时，组织了解和行动速度两项胜任特征边缘显著。

表 3-27 胜任特征平均等级差异检验

胜任特征	Mann-Whitney U	p
耐力	5. 500	0. 858
自信	4. 500	0. 593
面对失败	3. 000	0. 186
适应力	1. 000	0. 064
行动速度	4. 000	0. 471
竞争力	4. 000	0. 480
创新	0. 000	0. 022 *
监控力	6. 000	1. 000
主动	5. 000	0. 724
努力	5. 000	0. 721
信息搜集	3. 500	0. 372
影响力	4. 000	0. 471
影响范围	4. 000	0. 471
组织了解	1. 000	0. 067
组织范围	3. 000	0. 271
了解他人	6. 000	1. 000
倾听与响应	4. 000	0. 480
帮助他人	1. 500	0. 105
分析式思考	6. 000	1. 000
分析的幅度	4. 000	0. 476
概念式思考	6. 000	1. 000
归纳的幅度	4. 500	0. 578

注：$^{*}p<0.05$

从表 3-27 可以看到，以平均等级为标准时，只有创新一项胜任特征差异显著。而组织了解和适应力两项胜任特征边缘显著。

表 3-28　最高等级差异检验

胜任特征	Mann-Whitney U	p
耐力	5.000	0.721
自信	3.000	0.186
面对失败	5.500	0.853
适应力	3.500	0.354
行动速度	2.500	0.212
竞争力	2.000	0.157
创新	0.000	0.026*
监控力	5.000	0.724
主动	4.500	0.593
努力	4.500	0.589
信息搜集	4.000	0.480
影响力	4.000	0.471
影响范围	4.000	0.476
组织了解	5.000	0.719
组织范围	3.500	0.354
了解他人	5.000	0.724
倾听与响应	5.500	0.858
帮助他人	3.000	0.285
分析式思考	3.000	0.280
分析的幅度	1.500	0.102
概念式思考	6.000	1.000
归纳的幅度	4.500	0.578

注：$*p<0.05$

从表 3-28 可以看出，以最高等级为标准时，在普通组和优秀组之间仅有创新一项特征差异显著，分析的幅度、竞争力两项胜任特征边缘显著。

(四)结果与讨论

1. 结果

从以上的统计结果中可以看出，创新、分析式思考、分析的幅度三项胜任特征达到了显著。而组织了解、行动速度、适应力、竞争力4项胜任特征达到了边缘显著。

基于7人的小样本，我们初步推测这几项胜任特征是管理学学科优秀的硕士研究生区别于一般硕士研究生的特征。将7项胜任特征整理和归纳，可合并为成就导向、分析式思考、弹性、组织认知4项因素。

胜任特征的归类和4项因素的含义如表3-29所示。

表3-29　优秀硕士研究生的胜任特征归类及其含义

创新	成就导向	希望更好地完成工作或达到一个优秀的绩效标准。
竞争力		
分析式思考	分析式思考	通过将一个事物分解为若干部分，或通过层层因果关系描述其内在联系的方式来理解该事物。
分析的幅度		
适应力	弹性	一个人在不同的环境下与不同的人或群体工作时所表现出的适应性。
行动速度		
组织了解	组织认知	个人了解在自己的组织或其他组织中权力关系的能力，以及在更高的层次上，该组织在更大范围当中的地位。

下面详细分析这4项因素中，各项胜任特征维度的含义、行为表现，以及访谈中的一些实例。

(1)成就导向

成就导向就是希望更好地完成工作或达到一个优秀的绩效标准。这个绩效标准可能是个人过去的表现，可能是比他人做得更好的业绩，也可能是自己设定的具有挑战性的目标，甚至是未曾有人做过的事。

成就导向包含了竞争力和创新两个特征维度。优秀的研究生往往表现出较强的竞争力，总是倾向于为自己设立更高的目标，并按照目标的要求去规划行动，调整偏差。这也使得他们最终达到目标的概率更大。比如：

这个项目做了两周多，这两周每天早上起来改，有时要一直改到晚上十点多，然后还要和老板进行讨论。这种工作状态持续了近两周，后期的小修又做了两周多。这个项目主要是由我来做，老板给我修改意见。有时候我觉得自己的想法是对的，但是老板提出了另外一个想法，这个时候必须阐述清楚自己的思路，老板也会把他的思路告诉我……之前我对自己的想法很确信，但和老板沟通之后不得不改变这种思路。最开始的时候心里多少有些别扭，一开始想，你是老板所以还是要听你的，之后发现，因为是第一次做这种工作，所以很多方面都不了解。可能还是需要按照老板的思路来，有时你不在那个位置，所以你看不到那个高度。第一次不服气，毕竟我也是跟老师做过项目的人，也不是一无所知的。第三次被退回来，我就会好好考虑一下，自己的缺陷在哪儿，老板的好处在哪儿。可以说这是一种进步吧，不能老是停留在原来的想法和认知上。(竞争力)

而普通组的竞争力相对较弱，有时不能够按照既定的目标规划行动，比如：

其实最开始呢，我是主要想强迫自己学习，因为花钱了嘛。想要心疼一下。想要促进自己非常认真地去学习专业知识啊，去认真地准备考试啊，但是事实证明还是没用。花的时间并不是很多。呵呵。不过对于考试，考试的客观题还好，基本都是属于强记的知识，所以变化的套数不大。主要是考试的主观题答得我想放弃。可能是准备得不是很充分吧，除了运气因素，确实存在很多地方准备不够。但是仍然感觉有点不可思议。(竞争力)

同时，优秀组与普通组在创新上也有着显著的差异。优秀组更倾向于在不同组织或工作中尝试新颖的行动和创意。比如：

我还做了对奥运知识的了解和对北京历史文化的了解，最后汇合成一个选拔标准。做这个项目已经读研了，之前和老师做过一个体育文化的调查，了解到一个公司的氛围和工作内部的整体氛围对一个人的想法和能否把自己的能力全部展现出来是有决定性作用的，因为一个人不管沟通能力多强，如果对于北京的历史文化没有很好的了解是不行的。比如住宿这一块，那些运动员教练可能都会有一个去周边旅游的需求，如果你不了解这些肯定不行。另外促使我把这个加进去的原因是，一次和好朋友聊天时，把自己的想法告诉了大家，然后讨论了一下，也帮我想了不少，最后有了一个成型的想法之后我就给老板提出，老板觉得这块想得挺不错的，因为不管之前选拔的这些人对这方面了解多少，以后培训的话是需要注意的。这种想法促使了我加这些东西进去。（创新）

而在访谈中，普通组则没有表现出乐于创新的行为倾向。

(2)分析式思考

分析式思考指通过将一个事物分解为若干部分或通过层层因果关系描述其内在联系的方式来理解该事物，包括分析问题的能力、逻辑推理能力和计划能力等。分析式思考有两个特征维度，一个是分析的复杂度；另一个是分析的问题的大小。

在访谈中，优秀的研究生在运用分析式思考时分析的复杂度较高，如：

主要是我在带着大家做，我冲在前面，在第一线上亲自写，大家参与力度有点弱，这个弱，一个是跟我本身工作节奏比较快有关系；第二个可能跟沟通也有关系。我知道，其实它牵扯到一个我们怎么进步的问题。这有两种情况。一个是，你通过做这个事情以后，发现有问题了，下一个事情去修正它，这是我们惯常的一个做法；第二个，你明知道这是个问题，你也知道由于你的某种个性或者性格的某种特点，它无法克服，你只能在下次做同样事情的时候，尽量避免它发生，就完了。（分析的复杂度）

而普通组的研究生分析式思考时分析的复杂度则相对较低。比如：

（当时选择我的原因是）因为每个人都要负责一定的版面。因为房地产30年是个很重大的事情，记者很多。对报社来讲，也需要采访很多东西。所以我分到的是1992年的会议。采访谁，准备什么问题，这些都要仔细充分地考虑。1992年的时候，我还很小，所以也无法知道具体怎样，网上的资料我找到的也是一点零碎的资料。所以遇到困难了，需要动用一切资源去解决。（分析的复杂度）

另外，在分析的问题的大小上，优秀组和普通组也有着显著的差异。优秀组有更多的机会分析一些影响到组织或团队发展的重要问题，而普通组的研究生分析这类问题的经历则相对较少，面对更多的是与自己或自己身边少数几个人相关的问题。

(3)弹性

弹性指一个人在不同的环境下与不同的人或群体工作时所表现出的适应性，包括适应力和行动速度两个维度。优秀的研究生往往表现出较强的适应性，能够随着事物的发展而迅速地调整自己的应对方法，熟悉和适应发生的变化，达到良好的结果。比如：

这个项目，我的副导师和我当时把这个课题申请下来以后，我们两个人原来谁也没接触过，我相对来说还熟一些，因为我原来学工程的，它牵扯一些建筑质量方面的因素。所以，副导师的意思，就由我来主要做这个事情，那么对于一个你从来没有接触过的东西，当你一开始接触它，到最后掌握它，我觉得我用的时间也就是不到一个月的时间。然后，这个课题整个也是我写的，写出来以后，专家评审的时候，并没有对这个课题有太大的挑剔，觉得我们完成的还是可以的。(行动速度)

对于一个新东西，刚接触的时候，你肯定对它有一个大致的看法，它应该是什么样的，但是很多时候，我们在陆陆续续研究它的时候，发现结果并不是你想的那样，就有这么一个逐渐坚定真理的过程。所以，这个时候，你需要不断调整你的思路，即使是一开始你觉得这个事情非常好，但是结果并不是很好的话，但是因为你在做这个事情，也应该把它做完。(适应力)

而普通组的研究生在面对周围环境或人群的变化时，适应力相对较弱，行动速度相对较慢，需要较长的时间进行调整和适应，在发现变化上比较缓慢，有时需要他人的帮助和指导。比如：

刚上研一，刚开始上专业课，中文字都能看得懂，但是不太知道里面怎么会是那么一种意思，包括写东西很费力。我刚刚开始时不觉得，还保持这种理科的思维，而且原来学理科的都不学文科，刚开始上课的时候我也很排斥，我觉得这根本就不行，对他们也挺鄙视的，但是一段时间后我就不这样想了……为什么不去学习一下呢，好好拓宽一下自己的思维方式，然后就慢慢接纳了，你把心里面这一点想清楚了以后。跟着他们学呗，一开始比较费劲，然后慢慢现在就好了。(行动速度)

后来采取一些办法去适应这个思维，一个就是上课让自己好好听，心里面先不要有开始那种想法，不管你能不能接受你先尊重人家，然后上课就认真听，找一个自己比较喜欢的老师，有一个老师我特别喜欢他，我就找他的文章来看，模仿他的那种写法、思维，他介绍的书我也去看，然后就好了。像我现在整体来说就感觉还行。如果说研一开始的话，从开始入学很不适应这种方式到现在比较接受大概花了一年多吧。(适应力)

(4)组织认知

组织认知是指个人了解在自己的组织或其他组织中权力关系的能力，以及在更高的层次上该组织在更大范围当中的地位。组织认知包括了两个维度：了解的复杂程度和了解的组织大小。在了解的组织大小上，优秀的研究生和普通的研究生没有显著的差异。这也可能是因为研究生始终是处于学生阶段，接触的组织仍然具有局限性。

但在了解的复杂程度上，优秀的研究生通常表现为能够更深入、更本质地了解一个组织的构架和目标。比如：

我觉得技巧性的东西都是通用的，你要让他支持的话，你得告诉他这是学校的一个比较重要的活动，他应该由相应的部门负责，比如，我们这个活动在我们学院是学工部负责，我得到了学工部某某老师的支持，你使用了一些方法，然后很完满地解决了这个问题。

而普通的研究生则无法十分深入地了解组织的需求，其对组织的了解过程也往往比较慢，需要借助他人或外力的帮助。比如：

最开始我觉得自己是一个实习生，交给我任务我完成就行了，但是后来我发现，他对你的期待不只是这个，可能在把你当成正式员工在使用。所以有时候自己的想法尽力紧凑一些，有时候我自己是有一些想法，但是在最初的时候是不会提出的。后来，他说有什么想法可以和他说，整个从一个实习生转成了正式员工……(整个过程)也不算特别快吧。但是，一开始就有自己的想法，只是自己没说。就觉得我一个实习生没必要这样，把你交给我的任务完成就行了，然后发现他也希望听到我的声音。

2. 讨论

(1)关于研究样本

在分别以总频次、平均等级和最高等级为标准的统计结果中，只有三项胜任特征在普通组和优秀组的差别达到了显著水平。而许多项胜任特征只是边缘显著。造成这一结果的重要原因之一可能是本次研究的样本量较小。

虽然将总频次、平均等级和最高等级三项标准中达到边缘显著的胜任特征作为优秀硕士研究生的胜任特征缺乏严密的科学性，但由于是基于7人的小样本，同时选取了三项标准中达到两项以上边缘显著的胜任特征，因而还是能够为胜任特征的进一步的研究和胜任特征模型的构建提供一定的参考。

(2)关于绩效标准

在访谈过程中，许多研究生都不约而同地提到管理学是一门“实践性很强”的学科，相对部分其他学科而言，“实践”在管理学中显现出更强的重要性。从某种意义上来讲，实践的结果也可以作为评价一名管理学研究生是否优秀的重要标准。但是由于“实践”的抽象性和实践活动的多样性，很难找到一个统一的标准对其进行量化的评价。

本研究在制定样本的绩效评定标准时，对于“实践”环节以导师的综合评定结合社会实践方面所获奖项作为评价的标准。由于社会实践类奖项有限，导师的综合评定成为绩效评价的重要标准。尽管绝大多数导师能够对自己的学生做出公正客观的评价，但也可能存在导师主观因素干扰或导师对学生的实践表现不了解等情况，容易影响评价的客观性(部分研究生还同时有正、副两位导师，而两位导师的评价也可能有不一致的情况)。一个可行的方法是收集研究生的实践机构(如实习单位)中直接领导对其的评价，作为衡量其“实践”成绩的参考。当然，这一做法需要额外耗费一定的时间和精力，同时也可能面临一系列的新问题。这里仅作为给之后的相关研究的建议。

(3)关于研究结果

最后的结果表现出的是优秀的研究生和普通研究生的差异。研究生的

“学生”身份，严格地讲不能够作为一种职业，而以职业的标准来衡量。研究生阶段是一个不断学习、不断进步的时期。优秀研究生也并非一蹴而就，必然有一个逐渐进步，最终走向优秀的过程。因此，在以研究结果为标准考查研究生时，也应充分地考虑到考查对象的发展潜力。

附　录

附录一：行为事件访谈提纲

您好！非常感谢您抽出宝贵的时间来接受我们的访谈。

1. 自我介绍，说明访谈目的(5～10 分钟)

(1)自我介绍

我们是北京师范大学心理学院的学生。我叫×××，非常荣幸能有机会认识您。

(2)说明访谈的目的和形式

目前我们正在做“管理学专业研究生胜任特征的研究”。我们访谈的目的是为了了解作为一名合格的高校管理学学科研究生必须具备的各项素质。我们知道，您成为一名硕士研究生也有一段时间了，有着很多体会与感悟，因此，您是我们访谈的最佳人选。下面向您请教学习生活工作中的一些问题，主要是麻烦您详细叙述一下实际情况和具体做法。

下面，我们将根据您手中的这份访谈提纲，问您一些问题，这些问题都是有关您过去一年或一年半学习工作生活中所经历的 4～6 个关键事件：包括成功的事件和不成功的事件。每提一个问题，我都会给您几分钟思考时间，以便您整理自己的思路。

(3)消除顾虑

您今天所说的所有内容将被严格保密，整理访谈内容时，绝对不会含有您的名字，并去掉您所谈到的所有学校、院系、部门和个人的名字，访谈内容也不会被任何人看到。

(4)征得受访谈者同意录音

在访谈中，我们会做一些记录，访谈记录仅供研究分析使用，其他任何人都不会看到任何有关的资料。为保证访谈内容记录的准确性，防止信息遗失，最好的方式无外乎是采用录音，这里我们需要征求一下您的同意。

访谈时间最多持续1小时30分钟，请您给予理解和支持，谢谢！

注意事项：

➢时间5~10分钟；

➢不要让被访谈者感到紧张；

➢强调内容保密；

➢征求录音许可。

2. 个人情况简单介绍(5~7分钟)

➢通过各种途径，我们对您有了一定的了解，但还是希望您简单介绍一下一些基本情况，比如说之前的本科毕业学校、社会工作经历、专业背景、所获奖励等。

➢请问是什么原因促使您选择了继续读研究生呢？它在你整个学习生涯甚至人生规划中有着怎么样的地位呢？

3. 梳理职责(10~15分钟，根据情况可以省略)

主要是了解具体的学习生活工作行为。

➢能否将学习、科研、社会工作、实习、其他按重要性排序？

➢能否简单介绍一下您一整天的事务安排？(研究生各阶段)

4. 行为事件

注意事项：

➢先谈成功事件；

➢请被访谈者按时间顺序介绍“故事”；

➢请被访谈者详细描述实际发生的具体事情，而不是假设反应、道理或赞成的行为；

➢探究行为背后的想法；

➢要明确本访谈是被访谈者的一次情感经历。

A. 最成功的三件事情：

作为一名研究生，您在日常生活工作中，肯定会有许多您认为做得非常成功并引以为豪的事情，下面请您介绍一个。

第一件事情：

➢ 发生了什么事情？什么原因导致这件事情？

➢ 涉及哪些人？

➢ 您当时都想到了什么？（即怎样看待这件事情？又是怎样看待所涉及的人？）

➢ 您当时的感觉如何？是否（恐慌、担心、害怕、难过、自责、忧虑、开心、兴奋、欣慰、激动、自信）？

➢ 您当时肯定会想采取一些具体行动，您为什么想采取这些行动？

➢ 您实际上做了什么？说了什么？

➢ 您这样做或这样说的原因是什么？

➢ 最后的结果是什么？中间还发生了什么事情吗？

➢ 第二件事情和第三件事情按上面的同样顺序进行。

B. 最不成功的三件事情：

做任何事情都不可能是一帆风顺的。作为一名研究生，您在自己的学习生活、工作生活中，有可能会有一些不成功的经历。可以给我们谈谈自己的亲身经历和感受吗？从而对其他可能面对同样情况的同学提供一些帮助与指导。

第一件事情：

➢ 发生了什么事情？什么原因导致了这件事情？

➢ 涉及哪些人？

➢ 您当时都想到了什么？（即怎样看待这件事情？又是怎样看待所涉及的人？）

➢ 您当时的感觉如何？是否恐慌、自信或激动？

➢ 您当时肯定会想采取一些具体行动，您为什么想采取这些行动？

➢ 您实际上做了什么？说了什么？

➢ 您这样做或这样说的原因是什么？

➢ 最后的结果是什么?

第二件事情和第三件事情按上面的同样顺序进行。

5. 成功条件

➢ 您觉得作为一名当代合格的研究生，需要具备哪些必备的知识、技能、能力和素质呢?

➢ 如果让您来选拔研究生，您要找什么样的人?

6. 观察和结束

注意:

➢ 被访谈者的仪表;

➢ 被访谈者的谈话风格;

➢ 被访谈者重复使用的词和短语;

➢ 被访谈者的非语言行为;

➢ 在请被访谈者放松或谈自己的经历时，你遇到了什么困难?

➢ 被访谈者提供了什么材料?

➢ 被访谈者对人和事是如何评价的?

附录二：基本胜任特征词典示例

耐力：人在遭受诱惑、阻力、敌意、压力时保持冷静，抑制负面情绪和行动的能力

典型行为：不容易冲动;

可以抵御不适当行为的诱惑;

在压力情况下保持冷静;

寻找可以接受的方法缓解压力;

即使在压力下也会以正面的方式来面对问题。

级别	行为描述
0	避免压力。避免会引起负面情绪的人或事物。
1	避免诱惑。不会采取不适当或冲动的行为。
2	控制情绪。感受到生气、极度挫折或压力等强烈的情绪后，仍然可以控制自己的情绪，但是没有采取具有建设性的行动。
3	反应冷静。感受到生气、极度挫折或压力等强烈的情绪，但是可以控制这种情绪，持续冷静讨论或采取其他处理办法。
4	有效管理压力。使用压力管理技巧来控制反应，避免崩溃，有效处理持续的压力。
5	以具建设性的方法响应。控制强烈的情绪或压力，采取行动，针对问题来源正面处理。
6	让别人也冷静下来。在压力非常大的情况下，让他人冷静并控制自己的情绪。

自信：有信心克服的挑战或风险

典型行为：即使别人不同意还是会下决心或采取行动；

通过让人产生强烈印象的方式来表现自己；

通过个人的判断或能力来表达自信。

级别	行为描述
0	不承受或逃避挑战，对他人让步，缺乏信心。
1	表现出自信的样子，独立做决定，工作上不需要上级频繁监督。
2	以让人产生强烈印象的方式来呈现自己。即使别人或其他有权威的人不同意，还是会按照决定行事。(如果不同意的人是上级，或如果采取行动是为了完成工作而违反规定属于等级5)
3	对自己的能力有信心。视自己为专家，认为自己的能力优于其他人。视自己为成功的关键、重要推动者、催化剂或发起人，对自己的判断有信心。
4	证明自己的看法有理。在冲突中清楚表达自己的立场，以行动来支持或证明自己所表达的自信心。

续表

级别	行为描述
5	自愿接受挑战。对于具有挑战性的任务感到高兴或兴奋，愿意承担额外的责任，以有技巧或礼貌的方式表达与上级不同的意见。与上级有冲突时，以清楚自信的方式表达自己的立场。
6	将自己置于极具挑战性的情况下。直接质疑上级的看法，或选择承担极具挑战性的任务。

面对失败：愿意为可以纠正的失败原因负起责任

典型事例：与上级有冲突时以清晰自信的方式表达自己的立场；
为错误失败或缺点承担起个人责任；
总结失败的教训并改善未来的表现。

级别	行为描述
0	没有被观察到。
1	承担责任。以某种特定的方式承认失败或缺点。
2	从错误中学习。分析自己的表现来了解失败，以改善未来绩效。（清楚表达出未来改进的方式）
3	向他人承认自己的错误，采取行动改正问题。

适应力：从自己的意见到适应组织

典型事例：承认对方相反观点的有效性；
轻易适应工作上的改变；
根据个别情况灵活使用规则或程序以达成组织更大的目标。

级别	行为描述
0	总是遵守程序。
1	客观认识事物，认为别人的观点是有效的。
2	采用规则或程序时有弹性。根据特殊情况调整行动，以完成组织较大的目标。在紧急情况下，必要时愿意替同事完成任务。
3	根据实际情况或他人的反应调整技巧，改变个人行为或方法以适应环境。

续表

级别	行为描述
4	依据情况调整自己的策略、目标或计划。
5	做组织上的调整。在组织里进行小规模或短期的调整，以适应实际情况的需要。
6	调整战略。在组织里进行大规模或长期的调整，以适应实际情况的需要。

行动速度：从慢到快的反应

典型行为：改变个人的行为方式以适应实际情况的需要

级别	行为描述
1	长期深思熟虑或计划性的改变(超过一个月以上)
2	短期的改变计划(一周至一个月)
3	快速改变(一周之内)
4	急速改变(一天之内)
5	立即行动

附录三：编码文档示例

讲一下研究生三年你觉得自己做得比较成功的一件事情。可以是任何方面的，学习、科研、社会工作等。 那就是做党支部的事，主要是共建的工作，当时是跟大兴区的一个共建的任务，主要是本科支部的事，但当时有一个问题，就是他们那个支部和大兴区的一个常平中学共建的时候，建立了之后就再没有联系了，一年没有联系过。我是被我们党支部派过来的，临时接到了这个项目，说实在的，我当时不知道该怎么办，因为对方是中学，我们又不是师范专业，我们又不可能搞支教，或是去指导他们老师怎么做事情，我觉得我比较成功的是，我发挥了我们管理学院的特色，我们搞活动比较有优势，我们搞了一个让他们的学生进我们学校的活动，他们大概参加了100多人，当时的党委副书记郑尊也参加了我们这个	分析的复杂度4 被提出问题的大小3

续表

活动，活动的影响比较大，郑萼老师参加完活动，要求我们把录像做出来，作为一个支部共建的模范。 **刚开始是怎么想到要搞这么一个活动而不是其他，类似支教的？** 一开始我们还是先支部讨论，做一个计划书，然后发给他们的校长，其实一开始，我们还是比较受挫的，因为他们觉得他们不需要，比如说给他们提供一些管理经验啊，做一些管理咨询的工作，然后他们说不需要，本来确实别人不需要。然后我们就说，我们想实地去看一下，因为我们不知道具体情况，他们的学生是什么情况。所以我们党支部的十几个人就组织着一起去了，主要是我们牵头的。然后我们就去他们学校，校长、老师、同学都挺热情的，带着我们参观校园，然后我们就从老师那儿知道他们要些什么。比如，科学的教学方法。不能提供，那没办法。但是在了解过程中，其实有个很重要的东西。老师告诉我们虽然他们在北京，但由于比较偏远，他们的学生其实很多都没见过世面。所以他们没进过北京城，当时就觉得这个活动可以搞起来，另外又满足他们的一些需求。然后就把这个活动进行计划，双方一通气，就搞起来了。 **那么请你讲一下，你回来以后，从无到有是怎么策划这个活动的？** 当时了解到那个事实之后，我们就想到了是不是可以搞这么一个活动，就说把他们的学生拉过来，让他们参观一下。主要参观教室，就需要联系教室，做一些交流，然后需要联系同学，让他们讲一下自己中学的生活。这个活动具体到哪几个部分，这几个部分还需要跟对方沟通，看对方是否需要这些，他们的学生有没有这样的兴趣。当双方沟通之后，都有这个兴趣，然后就 OK 了。但是具体说到当时是怎么产生到策划这个过程，其实我只能说，当时是在沟通的时候，了解到他们有这么两个需求，有的我们没法做，有的确实我们马上可以做的，就做了。 **那你觉得，你在做活动的时候，主要做的哪些工作？** 我做的实际工作就是：第一个就是刚说的这个计划；第二个就是安排人员；第三个我们觉得最重要的事是招募志愿者的活动，来的很多都是中学生，而当时师大有很多工地，所以安全是个很重要的问题，除了安全，另外一个就是他们中午吃饭的问题，我们解决的方案就是一个志愿者负责一个学生，活动中有个自由活动的时间，然后这个志愿者要负责这个学生的安全，而参观的时间主要是在中午，而这时要吃饭，那么便由这	改变幅度 4 对他人了解的深度 2 为了影响他人而采取的行动 5 信息搜集 5 分析的复杂度 2 主动帮助或服务他人 4 重视次序品质与精确 5

续表

个志愿者给提供伙食费，那问题是如何去找到这么多志愿者。	被提出问题的大小 3
你是怎么操作的？ 首先，学院可以发动许多人，支部可以让所有的积极分子都来参加，这样就有了 50 来人。另外就是招募，摆个展台对外招募，这个不多，就十来个人。另外就是通过关系去找其他的社团来帮忙，比如说白鸽志愿者协会。最后就这样，通过种种途径招了许多人。	影响了解或网络的幅度 5
当天实施的过程中有没有遇着什么困难？ 整个过程超过我们想象的顺利，首先，那些孩子都很听话，其次，最早有很多志愿者是强制来的，会有逆反心理，但其实他们都蛮愿意参加的，只是有些孩子当时身体不舒服，我们让他们去校医院看了病，就没事了。	行为速度 2
你在整个过程中，遇到什么困难？比如，在志愿者中，或者整个过程由纸上到实施中？ 首先是资金，你必须申请到相应的资金，最开始我们没想到让志愿者给伙食费，你就想着说这么多人来，要吃饭。第二个就是学校的支持，最主要是学院的支持，就说我们怎么让其他的支部支持，主要是通过跟老师的交流，主要是通过把报告写得符合要求。	对他人了解的深度 2
你是怎么写的？有没有做什么尝试？ 我觉得技巧性的东西都是通用的，你要让他支持的话，你得告诉他这是学校的一个比较重要的活动，应该有相应的部门负责，比如，我们这个活动在我们学院是学工部负责，我得到了学工部某某老师的支持，你使用了一些方法，然后很完满地解决了这个问题，	为了影响他人而采取的行动 5 建立关系的亲密程度 3
那你觉得这个主要原因是基于什么呢？ 我觉得首先是所有方法不是我一个人想到的，当你在一个团体里时，团体很重要，你有了想法之后，要跟他们沟通，得到他们的支持，然后就头脑风暴，他们常会有些好的想法给你帮助。	倾听与响应他人 3
那你认为在团队里，你相当于头吗？你发挥了哪些作用？ 我觉得我是属于比较喜欢倾听和执行的人。我觉得在一个团队里，最好能把所有人都调动起来，这是第一，然后形成一个很好的计划，然后你要保证他的执行，你要让每个人都实现他自己的目标，保证团队达到目标。那些孩子到最后，他们都很满意。	激励成就行动的强度与完整性 5

六、信息安全专业研究生胜任特征模型构建

（一）研究目的

本研究选择计算机类别中的信息安全专业，寻找优秀研究生区别于一般研究生的胜任特征。

（二）研究方法

本研究通过对信息安全专业的硕士研究生进行行为事件访谈，对访谈的全程进行录音，并将录音转录成文本。结合专业特异性和已有的胜任特征研究结果，就一些特质进行质性分析。根据访谈和预编码的结果，本研究对 Spencer 的《通用胜任特征编码词典》进行改编，确定本研究中用于编码的胜任特征包括结果导向、人际理解、归纳总结、自我控制、主动性、信息搜索、自信、行动力、知识水平 9 个方面。

在行为事件访谈（BEI）的过程中，让被访谈者在访谈者的引导下讲述自己学习和科研上的 2～3 件成功的事情和 2～3 件失败的事情。

访谈时，被访谈对象不知道有优秀和一般的差异，访谈者按照标准选择被试后对被试进行编号，在访谈时不知道被访人是属于优秀组或普通组。

1. 研究流程图

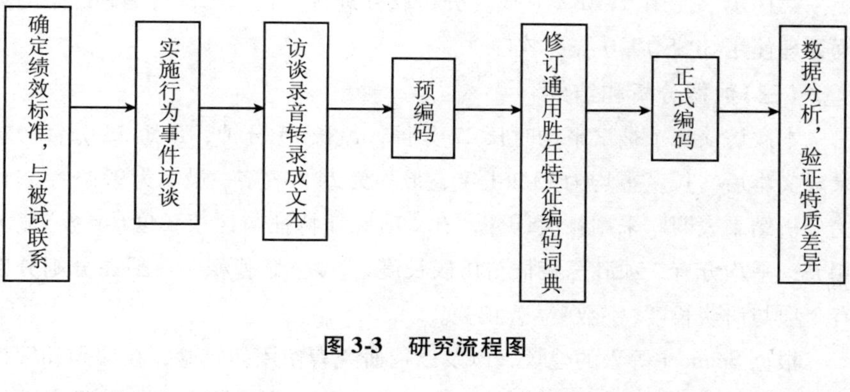

图 3-3　研究流程图

2. 被试

考虑到时间安排上的限制，根据实施方便程度，选取了北京交通大学

信息安全专业7位硕士研究生进行访谈，访谈的被试中二等奖奖学金获得者1位，三等奖奖学金获得者2位，四等奖奖学金获得者4位。根据获得的等级，以及同学之间的相互评价情况，将3位二等奖和三等奖奖学金获得者作为优秀组，将4位四等奖奖学金获得者作为普通组。（最高奖学金为二等，最低奖学金为四等，所有人都获得奖学金）

3. 研究程序

(1)编写行为事件访谈提纲

(2)预访谈

联系两名相关专业被试，根据访谈提纲进行预访谈，并根据经验修改和完善访谈提纲。

(3)行为事件访谈

联系被试，并告知访谈大致内容，建议其做好准备，并征得其录音同意。准备录音设备，选择合适地点，保证访谈过程中不被干扰。

(4)胜任特征编码

第一步　将访谈录音转录成Word文档；

第二步　修订胜任特征词典；

第三步　使用NVivo 7.0质性分析软件进行预编码，并在此过程中进一步完善胜任特征词典；

第四步　使用NVivo 7.0质性分析软件进行正式编码，对编码结果的数据处理使用SPSS 17.0统计软件。

(三)数据分析和结果

本次访谈每个被试平均时长47分钟，最长75分钟，最短33分钟。转录成文本后，长度平均为13 961字，最长为24 857字，最短为9293字。相关分析结果表明，采用频次计分，有2项胜任特征与访谈长度(字数)显著相关；平均分有3项胜任特征与访谈长度(字数)显著相关，最高分则分别有3项与访谈长度(字数)显著相关。

根据Spencer等人的建议，以及以往研究者使用的经验，在编码和数据处理的时候，使用平均等级分数和最高等级分数比使用发生频数具有更好的稳定性和有效性。此外，考虑到访谈的质量和被试的数量等情况，本研究进行数据分析采用平均等级分数和最高等级分数。其具体数值如表3-30和表3-31。

根据差异检验的结果，我们可以发现，在平均等级分数的比较中，优秀组和普通组只在归纳总结和自我控制上存在显著差异，在结果导向、自信心和知识水平上边缘显著，其他维度的差异均不显著；在最高等级分数的比较中，优秀组和普通组只在自我控制上差异显著，在归纳总结、自信心、知识水平上边缘显著，其他维度均不显著。

表3-30　各维度平均分

	优秀组			普通组			
	c1	c2	c3	c4	c5	c6	c7
结果导向	1.00	1.00	1.00	2.00	2.00	2.00	2.00
人际理解	5.00	2.67	2.00	2.50	1.00	0.00	0.00
归纳总结	3.33	0.00	1.00	2.00	0.00	2.00	0.00
自我控制	2.50	2.25	3.00	1.00	2.00	0.00	2.00
主动性	6.00	3.00	4.25	0.00	-1.00	0.00	0.67
信息搜索	6.00	2.00	1.50	2.00	1.13	1.00	0.00
自信心	2.00	0.00	0.00	7.00	3.00	4.00	0.00
行动力	3.33	1.00	0.00	0.00	-1.00	0.00	-1.00
知识水平	3.00	0.00	2.00	0.00	1.00	0.00	0.00

表3-31　各维度最高分

	优秀组			普通组			
	c3	c1	c2	c4	c5	c6	c7
结果导向	1	1	1	2	2	2	2
人际理解	5	3	2	3	1	0	0
归纳总结	4	0	1	2	0	2	0
自我控制	3	3	3	1	3	0	2
主动性	6	3	5	0	-1	0	2
信息搜索	6	2	2	2	2	1	0
自信心	2	0	0	7	4	4	0
行动力	5	1	0	0	-1	0	-1
知识水平	3	0	2	0	1	0	0

表 3-32 优秀组与普通组各胜任特征平均等级分数的非参数差异检验

	优秀组		普通组		Mann-Whitney U
	M	*SD*	*M*	*SD*	
结果导向	3. 22	1. 58	0. 88	1. 18	1. 00
人际理解	1. 44	1. 71	1. 00	1. 15	5. 00
归纳总结	2. 58	0. 38	1. 25	0. 96	0. 00*
自我控制	4. 42	1. 51	-0. 08	0. 69	0. 00*
主动性	3. 17	2. 47	1. 03	0. 82	1. 50
信息搜索	0. 67	1. 15	3. 50	2. 89	2. 00
自信心	1. 44	1. 71	-0. 50	0. 58	1. 00
行动力	1. 67	1. 53	0. 25	0. 50	2. 50
知识水平	2. 67	0. 58	1. 25	0. 96	1. 00

注：$^{*}p<0.05$，$^{**}p<0.01$

表 3-33 优秀组与普通组各胜任特征最高分数的差异比较

	优秀组		普通组		Mann-Whitney U
	M	*SD*	*M*	*SD*	
结果导向	3. 33	1. 53	1. 00	1. 41	1. 50
人际理解	1. 67	2. 08	1. 00	1. 15	5. 00
归纳总结	3. 00	0. 00	1. 50	1. 29	1. 50
自我控制	4. 67	1. 53	0. 25	1. 26	0. 00*
主动性	3. 33	2. 31	1. 25	0. 96	2. 00
信息搜索	0. 67	1. 15	3. 75	2. 87	2. 00
自信心	2. 00	2. 65	-0. 50	0. 58	1. 00
行动力	1. 67	1. 53	0. 25	0. 50	2. 50
知识水平	2. 67	0. 58	1. 50	1. 00	1. 50

注：$^{*}p<0.05$，$^{**}p<0.01$

表 3-34 胜任特征平均分数、最高分数、发生频次与访谈长度的相关

	访谈长度与频次	访谈长度与平均值	访谈长度与最大值
结果导向	0. 15	0. 71	0. 64
人际理解	0. 80*	0. 58	0. 66
归纳总结	0. 09	0. 55	0. 47
自我控制	0. 25	0. 76*	0. 76*
主动性	-0. 13	0. 80*	0. 80*
信息搜索	0. 00	-0. 23	-0. 24
自信心	0. 81*	0. 72	0. 80*
行动力	0. 61	0. 87**	0. 87*
知识水平	0. 28	0. 19	0. 22

注：* $p<0.05$，** $p<0.01$

(四)研究结果与讨论

1. 研究主要结果

本研究中得到优秀研究生与普通研究生在归纳总结和自我控制两个特质上存在显著差异；在结果导向、自信心和知识水平上的差异边缘显著；在人际理解、主动性、信息搜索、行动力四个维度上不存在显著差异。

(1)优秀研究生和普通研究生在归纳总结特质上存在差异，具体表现为优秀研究生在对过去经验能进行更好的归纳总结，并得出具有效果的改进，而普通研究生尽管也会对过去经验进行归纳总结，但是深度和获益程度都不及优秀研究生。一些优秀被试甚至具有内省和总结经验的习惯。

(2)在面临压力、诱惑、阻力或者其他影响情绪的状态时，优秀研究生能够采取更恰当的方式处理，控制这些情绪，继续保持冷静，避免与他人的冲突，甚至在最难熬的时候，仍然能保持振作乐观的态度，甚至还能让他人冷静下来；而一般研究生有些会受到情绪困扰，在压力面前出现效率降低甚至崩溃的情况，也有些通过尽量回避的方式来应对负面情绪的人或情况。优秀研究生在访谈的过程中反映出他们遇到一些压力或情绪抵触状态的时候，通常能够很快地控制或调解，从而减少对工作的影响，而普

通研究生则常常表现出因为压力和情绪而不得不放弃正常的工作，或者采取了调解方式却不是很有效果，严重者甚至有考试焦虑症等。

(3)在自信心方面，优秀研究生通常情况下都表现出很有信心的状态，在工作上能够独立做决定，不需要监督敦促，甚至能够清楚地表达自己的立场，以行动来支援和证明自己的看法有道理，能够自愿接受挑战，对于具有挑战性的任务感到高兴，在解决各种冲突和矛盾时也能够清楚、自信地表达自己的立场。而普通研究生则常常出现自信心不足，对攻克眼前的疑难问题没有信心，对未来的情况也缺乏掌控感，不愿意将自己置于具有挑战性的情况下。

(4)优秀研究生更重视工作完成的结果，有比较强烈的愿望把工作做好、做漂亮，在达到工作布置者所要求的标准的同时，还会有自己的评价标准，并在其中发现让自己满意和感到不足的地方。普通研究生通常由于对结果的掌控能力不够而不是很看重结果，因此，常常在结果不是足够好的时候，通过告诉自己经历了过程就好来补偿满足感和成就感。

(5)在对知识的掌握程度上，优秀研究生对于知识的掌握深度和熟练程度都要优于普通研究生。优秀研究生能够感受到自己的工作过程中不知不觉地能使用到已经学过的各种理论和实践知识，而普通研究生认为自己在学习过程中无法感受到知识的有用性，常常以考试及格为目的，在课程的学习上不愿意投入，大多只是在考试前期进行突击，并且难以对所学知识进行清晰的解释，而在工作过程中遇到问题则需要花费比较大的力气查找资料。

2. 信息安全专业研究生胜任特征模型

根据优秀组和普通组在平均等级分数和最高等级分数的非参数检验结果，筛选出差异显著和边缘显著的胜任特征，确定了5项鉴别性胜任特征，其余4项差异不显著的特征作为信息安全专业研究生共有的胜任特征，共同组成了信息安全专业研究生胜任特征模型，见表3-35。

表 3-35　信息安全专业研究生胜任特征模型

鉴别性胜任特征	共有胜任特征
人际理解	结果导向
主动性	归纳总结
信息搜索	自我控制
行动力	自信心
	知识水平

颜立[1]在其研究结果中得到优秀研究生与普通研究生的鉴别性胜任特征为重视结果、人际理解、归纳总结、自我控制四个维度。与表 3-35 对比，我们可以发现，结果导向、归纳总结、自我控制是普通研究生和优秀研究生的共有胜任特征，与颜立的研究结果存在一定差异。其可能原因之一为本研究在取样上，所选择的普通研究生标准过高，我们所访谈的普通研究生也都是获得过奖学金的，因此，使得在颜立的研究中得到的鉴别性胜任特征在本研究中成为共有胜任特征。另一个可能的原因是被试的专业特异性，颜立在其研究中选取的是研究型大学不同专业的硕士研究生，而本研究中选取的是信息安全专业类硕士研究生，由此提示，不同专业的研究生在胜任特征上或许的确是存在差异的，建立大的学科门类中有代表性的专业的胜任特征模型是很有意义的。

附　录

附录一：访谈提纲

（一）简要介绍研究情况，并请被访谈者签署知情同意书。

（二）准备好录音工具及纸笔，开始正式访谈及录音。

（三）了解被访谈者专业研究方向。

（四）下面请您先回想几分钟，想一想在您的研究生学习和工作中曾经发生的六件比较重要的工作事例。成功的事例和遗憾的事例。①三件成功、出色的事例。您会认为，在这些事例中，您当时的判断正确、措施得当，困难障碍都被克服，效果良好，您对自己的所作所为和努力感到满意，给您留下了深刻记忆。②三件失败、遗憾的事例。您会认为，在这些事例中，您当时的判断有失误、采取的措施效果不明显，有些困难和障碍因种种原因未能克服，最后的结果您不是太满意，或感到非常遗憾。

您对这些事件描述得越详细越好，包括这件事是什么、这一事件的基本过程、自己在这件事情中的所作所为、您在其中的作用、当时的情境、参与的其他人，您与这些人在事件中的关系、有没有困难、困难是怎样克服的、您当时的想法、事情的结果、您对事情结果的感受等。

（五）如果您已经思考成熟，下面请您举出这几年来您认为比较重要的六件事例，如果对每一个事件能给出一个名称来代表这件事最好。

（六）下面请您详细谈谈刚才提到的每一件事情。（要求受访者分别描述三件他们在教学工作中感到高效和三件他们感到低效的事件。当他们用语言描述每一事件时，要求他们能够回忆一些确切的对话、行动和感受。）然后依次讲述：①第一件事情；②第二件事情；③第三件事情；④第四件事情；⑤第五件事情；⑥第六件事情。（访谈中，要求受访者对整个行为事件的描述，能够包括他当时的感受、思想、行动、情感以及结果等事件的基本要素。为此，访谈主持者应针对每一事件，询问一些探测性的问题：导致这一事件发生的原因是什么？当时的情境如何？事件中还有什么人参与？您在整个事件中做了什么？说了什么？您当时的想法和感受？您是否遇到困难？您是如何克服困难的？事件的结果如何？）

（七）您认为您个人的哪些特点，对您进行研究生的学习和工作起了非常重要的促进作用？

（八）在访谈过程中，如果被访谈者不能很好地表达自己的经历，或不愿主动叙说，或用其他体态语言表现出对访谈的不耐烦时，应注意适当地结束访谈。并要有礼貌地结束谈话，说“谢谢您参加我们的访谈”，“与您谈话我很高兴”。

(九)请访谈者正式签定书面访谈协议，或对录音资料使用做口头授权，并录音。

(十)结束访谈并握手向被访谈者致谢道别。

附录二：编码词典示例

理解他人	understanding of others，UO
定义	能够设身处地地体察他人的心情和感受，并用言行给予抚慰和支持。
等级	行为描述
-1	缺乏了解，误解或对他人的知觉及行动感觉意外；以刻板印象看待他人，如性别歧视、不礼貌的语言等。
0	未明确显现出对他人的洞察力，但也无证据显示产生严重的误解。
1	能够对他人进行观察，借助他们的非言语行为，敏锐感知他人的心情和感受，了解他人此时此刻的情绪和陈述清楚的内容，但是不是两者都了解。
2	注意他人的情感变化，情绪和内容两者都了解，了解此时此刻的情绪和陈述清楚的内容。
3	了解他人行为的意义，甚至当这些没有公开表示出时，能够从那些对他们正在做的事情提供的含糊不清的信息当中，从说的是一件事情，但做的是另外一件事情当中，推断出某种信息。了解尚未说明的想法、担心或感觉；了解他人的背景、兴趣和需求；或敦促他人自动自发地采取行动。
4	根据客观的事实，能够准确地评估他人的优缺点。理解这些人正在发生的行为模式的原因。了解问题及其原因。了解他人的背景、想法，以及这两者对他的态度、需求、兴趣有何影响。
5	了解复杂问题，了解他人的基本态度、行为模式或问题的复杂原因。对他人的现行情况做出深入分析和了解。
6	理解组织之间的作用，对团体行为产生的原因感兴趣，甚至不很明显时也是这样选择。

七、心理学专业研究生胜任特征模型构建

(一)研究目的

本研究选择具有文理交叉性质的心理学专业，寻找优秀研究生区别于一般研究生的胜任特征。

本研究以优秀研究生导师以及优秀博士生这两个群体为主要的访谈对象，从不同角度对这些最了解研究生学习和生活的人为切入点进行访谈。根据 Hilton 的研究结论，优秀的研究生导师是最了解研究生的群体之一，能够宏观地对研究生进行评价并且其评价与研究生未来的工作绩效有高度相关。而博士生经历了研究生的过程，对研究生的生活、学习都了然于胸，因此，对博士生进行访谈能够全面地收集研究生阶段的信息。

(二)研究方法

1. 被试

(1)访谈被试

本研究预访谈 2 人，均为北京师范大学心理学专业研究生。正式访谈阶段采用的访谈对象有两类，分别是北京师范大学心理学专业的优秀研究生导师和北京师范大学心理学专业优秀博士生，其中研究生导师 8 人，博士生 4 人。

(2)问卷被试

为了保证调查结果的代表性，本研究在问卷阶段需要就全国心理学专业导师和博士生进行大范围发放，并通过 Qualtrics 网上问卷并 e-mail 邀请作答的方式获取数据。在心理学专业研究生导师的选择上，我们选择了全国范围内有心理学硕士学位授予权的院系，包括北京师范大学、北京大学、清华大学、浙江大学等。其中针对导师共计发放问卷 200 份，收回有效问卷 20 份；针对博士生和硕士毕业生共计发放问卷 78 分，收回有效问卷 30 份。

2. 研究设计

本研究采用质性访谈法和量性问卷法相结合的方式。首先通过对国内

外研究生胜任特征研究进行文献梳理，提取已有研究提到的胜任特征。其次，通过对关键事件访谈法进行改造，对优秀研究生导师等专家展开访谈，获取影响研究生绩效的关键事件，以及这些关键事件所要求的胜任特征。然后，基于文献回顾和访谈文本编码获取的胜任特征，编制《心理学专业研究生胜任特征问卷》。通过对该问卷的大范围施测，获取胜任特征的评价，从而初步构建起心理学专业研究生的胜任特征模型。

其中，访谈法的目的是通过对专家的访谈初步构建研究生胜任力模型；问卷法的目的是在更大范围内验证模型的有效性，并根据数据分析结果对模型的维度进行适当修改。访谈方面，根据文献回顾法归纳总结可能存在的研究生胜任特征，并以此为基础编制访谈提纲。访谈过程中采用关键行为事件访谈法，让被访者描述最能体现研究生成功的三件事和失败的三件事，包括起因、情境、言语和行为、处理方式、结果及影响等。对访谈结果进行编码，初步提炼出心理学专业研究生胜任力模型。问卷方面，根据已建立模型的因素作为问卷的维度编制调查问卷，采用里克特 5 点评分法考查被试心中各个维度的重要程度，使用 SPSS 软件进行数据处理。根据问卷结果得出在研究生选拔阶段适宜于考虑的胜任特征群。

3. 材料与工具

访谈方法采用关键事件访谈法，在询问关键事件时采用“STAR”法就情境(S)、任务(T)、行为(A)以及结果(R)这四个方面，对事情发生的起因、经过、结果、参与者、造成的影响等进行详细的追踪，要求被访者回忆得尽量深刻、细致。

在访谈过程中，使用录音笔进行录音和文本转录软件。录音文件经过专业转录之后，采用 NVivo7.0 软件进行文本分析编码。问卷法采用电子问卷的方式，以电子邮件发放的形式，使用 Survey Monkey Qualtrics 平台来呈现问卷并收集数据，并使用 SPSS 软件进行数据的处理。

4. 实验步骤

(1)确定取样策略和标准

由实验室小组进行讨论得出优秀研究生导师的三条标准：①科研院所的院长、副院长；②长江学者、校级优秀教师、师德标兵等荣誉称号获得者；③近五年教学评估优秀的在岗导师；④拥有带研究生的经验十年以上。

（2）预访谈

在实验室小组的共同讨论下编制了“心理学专业优秀导师访谈提纲”和“心理学专业优秀博士生访谈提纲”。在预访谈过程中，对3名博士生进行了访谈，熟悉了访谈的流程并根据被访者的反馈收集了相应的意见并对访谈提纲进行了完善。考虑到可支配时间和精力，编码过程中采用使用意群编码法编码。

（3）实施关键事件访谈，收集数据

与被访者邮件预约、协商访谈时间和地点。访谈开始或结束后，与被访者签署书面协议或口头录音协议。访谈时间控制在1小时左右。

（4）访谈录音文本转录

访谈阶段共计14份录音文本交由专业转录公司进行转录，研究者对转录文本进行复查，得到15万字文本。备份录音材料和文本材料作为研究的原始数据，并为以后的进一步研究提供研究材料。考虑到时间和精力的限制，对访谈的对象抽取典型案例进行转录，作为研究的原始数据进行备份。

（5）胜任特征编码和数据处理

研究小组成员共同学习基于文献综述获取的初步胜任特征模型，经过细致的讨论后对预访谈进行编码，对于编码有差异的地方进行反复地讨论、修改、再阅读、确认、检查等，直到达到较高的编码一致性后对正式访谈进行编码。正式编码过程中，选择2名正式编码者根据访谈录音和文本进行独立采用意群编码法进行编码。编码过程中主要采用主题分析和内容分析的方法初步提炼专家提到的研究生胜任特征。

（6）编制问卷，收集数据

根据文献回顾法和访谈法提取的胜任特征，编制《心理学专业研究生胜任特征模型调查问卷》，在全国范围内的心理学专业研究生导师和心理学专业博士生中发放，获取专家对各个胜任特征的评分，根据评分抽取最重要的、适合在选拔阶段考虑的心理学专业研究生胜任特征10～15条考查被试对模型中的各个维度的认同程度，并使用SPSS统计软件对各个维度的得分进行数据分析。

在《心理学专业研究生胜任特征模型调查问卷》的内容方面，我们首先列出每个胜任特征的定义，并要求被试针对每个胜任特征在下述四道题目上进行评价，以“诚实与道德”为例：

1. 这一特征在多大程度上可以将优秀研究生和普通研究生区分开来？
2. 如果学生不具备该特征的话，他有多大可能会失败？
3. 如果期望研究生申请者在考研时就具备该特征，您觉得合理吗？
4. 该特征能否在研究生阶段通过教育和培训得以培养和提高？

(7)初步构建完善模型

根据专家对各个胜任特征的评分，对《问卷》中的胜任特征进行排序，根据数据分析结果选择那些在第 1、2、3 题目上得分均高并且在第 4 题上得分低的特征作为研究生选拔的胜任特征，最终确定 10～15 条特征，初步数据处理结果对胜任特征模型进行完善，删减或者合并低分维度。最终建立心理学专业研究生的胜任特征模型。

对于模型中包含的每个胜任特征进行详细的描述界定，并汇集整理访谈中的关键行为，列举每个因素的行为指标，最终建立心理学专业研究生的胜任特征模型。

(8)数据处理与分析

由于研究生胜任特征的研究尚出于探索阶段，缺乏既有的编码词典，在本研究中试图编制并完善适用于研究生的胜任特征词典难度过大。因此，本研究将主要采用质性研究的方法，对访谈文本的编码也停留在胜任特征的抽取阶段，不对胜任特征的行为等级进行确定和评价。因此，也不进行优秀组和普通组的胜任特征 T 检验，但会对优秀组和普通组的胜任特征上的特点与差异进行描述，列举出优秀组和普通组在胜任特征上的典型的行为事件。

本研究根据大范围专家施测的结果，在描述水平上初步构建心理学专业研究生的胜任特征模型，并采用访谈过程中所获取的第一手资料对这些胜任特征进行描述，希望能够作为研究生胜任特征研究的起步之石，为未来的同类研究打下基础。

5. 编码提取研究生胜任特征

整个编码过程中采用主题分析和内容分析的方法对文本进行总结和提

炼，对被访者提到的关键事件进行分析，对被访者根据自身经验直接提出的胜任特征进行提取，从12份访谈文本中提取专家访谈中提到的研究生胜任特征共55条，包括主动性、坚持性、成就动机、内在动机、批判思维能力、问题分析与解决能力、沟通能力、创造力、专业基础、学习能力、适应能力、操作能力、团队合作能力、人际技能、计划与组织能力、自我监控、道德与诚实、尽责性、心理弹性、实践能力、自我发展、对本领域的承诺等。

6. 小组讨论确定初步胜任特征

由于初步提取的55条胜任特征数量过于庞大，各项特征较为分散且缺少概括性，因此，又对这55条胜任特征进行了合并和删减。经过研究小组的反复讨论，对每条胜任特征均进行了详细的定义，并给出了描述该定义的行为事件。又采用聚类分析的方法对这55条胜任特征进行了细致的整理和归纳，对相同的特征进行了合并，对出现频率较低的胜任特征进行了删减，最终得到了心理学专业研究生的17条胜任特征，这17条胜任特征可划分为学业能力、学业努力、个人自律、个人管理能力、人际能力和职业愿景与自我导向这六个胜任特征群。这些特征群将分散的胜任特征进行了概括和归纳，使相似、相关、相近的胜任特征归类到某一大类里面，从而使得每个特征群内的胜任特征具有共性、相关性。因此，研究结果更加清晰，易于理解。(见表3-36)

表3-36　访谈提取心理学专业研究生胜任特征

类　别	具体胜任特征	定　义
学业能力	专业能力	掌握心理学专业基本的知识、方法、仪器使用等，并具有较强的科研动手操作能力。具备一定的心理学相关学科的知识，能发现相关领域之间的联系，研究思路具有跨学科的交叉性和多元性。能够将专业知识应用到实践中，参与完成科研实践项目，具备与专业相关的工作技能。

续表

类　别	具体胜任特征	定　义
学业能力	领悟能力	能够快速而充分地理解他人的观点及意图。具备对科学问题的敏感性，能够较为准确地把握本专业发展动向。善于接受新的观点并能够提出与众不同的、新颖的想法。能够触类旁通、富有创造性地解决在学术科研及实践工作中遇到的难题。
	综合分析	能够从大量信息中提取核心部分进行归纳、分析和推理。拥有严谨的科学思维，头脑清晰、条理清楚。在论文撰写和学术讨论过程中能够深刻地分析、思考并在此基础上提出自己的见解，能够对其他研究做出客观的评价。
	独立性	在学术上能够自主提出问题，并拥有独特的思想，不盲目追随潮流。在导师的宏观指导下，能够独立地完成所承担的科研工作而不是完全依赖导师。
	沟通表达	在学术报告及讨论中能清晰表达自己的见解，讲话方式清楚、有条理、易于他人理解。书面表达精确并且有自己的风格，文章组织得当。具备基本的英文阅读及写作能力。
学业努力	主动性	做事积极，无须来自他人的要求就能主动并出色地完成任务。对本专业有好奇心，渴望通过专业学习和科研工作满足自己强烈的求知欲。努力钻研专业知识，积极承担科研工作，对成功有强烈的渴望，希望自己做的事情尽善尽美。
	坚持性	精力充沛并且能够长时间、持续地专注于特定任务。即使面对消极的反馈，仍能够坚持自己的兴趣或想法并取得成功。面对压力有一定的承受能力，并能采取积极的方式予以应对。能够抵抗环境的干扰和外界的诱惑，沿着一个方向一心一意地做事情。
	灵活性	在问题解决和社会适应过程中具备应变能力，能够根据环境的变化调整自己的心理与行为。对突发事件反应迅速，懂得变通。能够快速、积极地适应新的学习环境以及导师的要求和指导风格。

续表

类　别	具体胜任特征	定　义
个人管理能力	计划与组织能力	制订可行的目标，并为实现该目标设定恰当的程序；做事有计划性，并能够合理有效地安排时间、任务以及各种资源。
	执行力	能够高效地落实学业、工作及生活上的任务，能够较好地将计划和目标付诸实践，并遵照要求执行。
个人自律	自我监控	为了实现既定目标，能够有效地监督和控制自己的心理和行为，减少和避免影响目标实现的负面行为的发生，确保目标的达成。
	道德与诚实	有端正的科学态度和学术道德。在人际交往中真诚，值得他人信赖。不会因为个人利益而欺骗他人或损害他人的利益。
	尽责性	对于交办的任务能够负起自己的责任，尽到学生应尽的义务。对待即使是很细小的任务也很认真并富有责任感。能够分清主次，不会因学业之外的事情的干扰而耽误研究生的本职工作。
人际能力	人际关系	关注并理解他人的需要和感受，对人际交往富有洞察力。除了正式场合之外，较多地与教师及同班研究生以及其他可能的社会资源有非正式的交往，并能建立起良好的个人关系。与人相处融洽，能很好地融入群体并受到大家的喜爱。
	团队合作	在科研项目上能够与导师和实验室成员合作，在学术讨论中能够分享自己的知识经验。能够为集体利益着想，愿意在集体中贡献自己的力量。对别人的努力给予肯定，并以有益的方式给他人以评价和反馈。
职业愿景与自我导向	对本领域的承诺	对心理学有浓厚的兴趣，出于对专业本身价值的认同而学习，而不是出于功利性的目的。能够在自己的专业领域投入足够的时间、精力，渴望在未来从事与专业相关的工作，渴望在专业领域有所建树。

续表

类　别	具体胜任特征	定　义
职业愿景与自我导向	自我发展	对自己未来的职业发展有明确的定位，有目标和方向感。心怀对集体和国家的使命感和责任感，对未来发展及职业选择有明确的规划。

(三)数据分析

1. 描述性统计

按照上述方法将访谈过程中初步提取的17条胜任特征编制成电子问卷，在Qualtrics电子平台上进行施测，得到描述性结果如下(表3-37)。

表3-37　17项胜任特征的描述性统计

胜任特征	*M*	*SD*
道德与诚实	14. 54	2. 09
坚持性	14. 44	2. 32
主动性	14. 34	2. 22
尽责性	13. 60	2. 48
综合分析能力	13. 30	2. 53
领悟能力	13. 24	2. 62
自我监控	13. 10	2. 15
对本领域的承诺	12. 84	2. 39
执行力	12. 82	2. 40
团队合作	12. 56	1. 86
计划与组织	12. 28	2. 41
独立性	12. 20	2. 28
灵活性	12. 12	2. 18
自我发展	12. 06	2. 09
专业能力	12. 02	2. 06
沟通表达能力	11. 90	2. 80
人际关系	11. 42	2. 36

根据描述统计的结果得出，每个胜任特征维度下有四个题目，均采用5点量表进行计分，满分为20分。对该12项胜任特征进行统计分析，其中道德与诚实的平均分最高，为14.54分，人际关系的平均分最低，为11.42分。综合这12项胜任特征得到的平均分为12.87分。

2. 胜任特征的筛选

以12项胜任特征的总平均分12.87分为检验标准，对17项胜任特征分别进行差异检验，以此为标准来进一步对17项胜任特征进行筛选。其中对那些显著高于总平均分以及与总平均分差异不显著的胜任特征进行提取，对那些显著低于总平均分的胜任特征进行删减。（见表3-38）

根据T检验的结果发现，其中共有4项胜任特征得分显著高于总平均分，分别是：道德与诚实（$t=5.65^{**}$，$p=0.000$）；坚持性（$t=4.87^{**}$，$p=0.000$）；主动性（$t=4.69^{**}$，$p=0.000$）；尽责性（$t=2.08^{*}$，$p=0.043$）。

此外，其中有7项胜任特征的得分与总平均分的差异未达到显著性水平，分别是：综合分析（$t=1.20$，$p=0.236$）；领悟能力（$t=1.00$，$p=0.323$）；自我监控（$t=0.76$，$p=0.453$）；对本领域的承诺得分（$t=-0.09$，$p=0.929$）；执行力（$t=-0.15$，$p=0.883$）；团队合作（$t=-1.18$，$p=0.245$）；计划与组织（$t=-1.73$，$p=0.089$）。

另外，有6项胜任特征的得分显著低于总平均分，需要对该6项胜任特征进行删减。分别是：独立性（$t=-2.08^{*}$，$p=0.043$）；灵活性（$t=-2.43^{*}$，$p=0.019$）；沟通表达（$t=-2.45^{*}$，$p=0.018$）；自我发展（$t=-2.74^{**}$，$p=0.009$）；专业能力（$t=-2.92^{**}$，$p=0.005$）；人际关系（$t=-4.35^{**}$，$p=0.000$）。

根据差异检验的结果，删除得分显著低于总平均分的胜任特征，分别是独立性、灵活性、沟通表达、自我发展、专业能力以及人际关系。最终得到了心理学专业研究生的11项胜任特征模型，分别是：道德与诚实、坚持性、主动性、尽责性、综合分析、领悟能力、自我监控、对本领域的承诺、执行力、团队合作、计划与组织。

表 3-38　每项胜任特征平均分与胜任特征总平均分的 T 检验

胜任特征	t 值	p
道德与诚实	5.65**	0.000
坚持性	4.78**	0.000
主动性	4.69**	0.000
尽责性	2.08*	0.043
综合分析	1.20	0.236
领悟能力	1.00	0.323
自我监控	0.76	0.453
对本领域的承诺	-0.09	0.929
执行力	-0.15	0.883
团队合作	-1.18	0.245
计划与组织	-1.73	0.089
独立性	-2.08*	0.043
灵活性	-2.43*	0.019
沟通表达	-2.45*	0.018
自我发展	-2.74**	0.009
专业能力	-2.92**	0.005
人际关系	-4.35**	0.000

3. 被试类别对胜任特征评价的影响

本问卷的发放对象有三类，分别是研究生导师、博士生以及硕士毕业生。由于这三类被试在知识经验、生活阅历等诸多方面的不同，他们在对研究生胜任特征进行评价的时候采取的评价角度评价标准也会有所差异，因此，对不同被试在胜任特征评分上的差异进行检验，探讨不同被试对胜任特征评价的一致性与差异性。

方差分析结果显示：17 项胜任特征中，只有 3 项胜任特征的得分达到了显著性差异，分别是：在道德与诚实上的评分达到了显著性差异（$F=4.492^{*}$，$p=0.016$）；在尽责性上的评分达到了显著性差异（$F=6.984^{*}$，

$p=0.002$)；在人际关系上的评分达到了显著性差异($F=4.492^{*}$，$p=0.016$)。

进一步的多重比较发现：在道德与诚实维度，研究生导师的评分显著地高于硕士毕业生的评分($t=2.043^{*}$，$p=0.004$)。在尽责性维度中，研究生导师的评分显著地高于硕士毕业生的评分($t=2.586^{*}$，$p=-0.002$)；博士生的评分显著地高于硕士毕业生的评分($t=2.586^{*}$，$p=-0.002$)。在人际关系维度中，研究生导师的评分显著地低于博士生的评分($t=-1.463$，$p=0.045$)；硕士毕业生的评分显著地低于博士生的评分($t=2.884^{*}$，$p=0.001$)。

表 3-39　被试类别对胜任特征评价的差异检验

胜任特征	F 值	p
道德与诚实	4.49*	0.016
尽责性	6.98*	0.002
人际关系	6.97*	0.002
坚持性	1.98	0.150
执行力	1.89	0.163
自我发展	1.56	0.228
专业能力	0.85	0.433
团队合作	0.81	0.452
灵活性	0.79	0.460
沟通表达	0.77	0.471
主动性	0.62	0.544
计划性	0.54	0.589
综合分析	0.41	0.663
独立性	0.40	0.675
对本领域的承诺	0.34	0.715
领悟能力	025	0.782
自我监控	0.01	0.991

4. 导师经验对胜任特征评价的影响

根据研究生导师所带的研究生数量能够对导师的经验进行区分，所带研究生数量为1～10人的导师为普通导师，所带研究生数量为11人以上的导师为资深导师。众所周知，研究生导师对研究生培养的经验会随着所带研究生人数的增加而提高，资深导师相对普通导师而言深入接触的研究生人数更多，对研究生的科研、学习、生活、工作等方面都有着丰富而全面的了解，因此，资深导师与普通导师对于研究生胜任特征的看法也会有所差异。

针对以上4类研究生导师对胜任特征的评价进行差异检验，T检验结果显示：17项胜任特征中只有3项胜任特征的评分是差异显著的，分别是人际关系（$t=-3.12^{*}$，$p=0.006$）；灵活性（$t=-2.44^{*}$，$p=0.025$）；自我发展（$t=-2.19^{*}$，$p=0.042$）。从差异检验结果可以看出，在人际关系、灵活性和自我发展三个维度上，资深导师的评分显著地高于普通导师的评分。随着所带研究生人数的增加，经验的增长，研究生导师会越来越意识到人际关系、灵活性以及自我发展这3个维度的重要性。

表3-40　导师经验对胜任特征评价的T检验

胜任特征	t值	p
人际关系	-3.12^{*}	0.006
灵活性	-2.44^{*}	0.025
自我发展	-2.19^{*}	0.042
团队合作	−2.07	0.053
沟通表达	−1.56	0.136
自我监控	−1.44	0.167
独立性	−1.23	0.233
综合分析	−1.19	0.251
领悟能力	−1.07	0.328
计划与组织	−0.95	0.357
坚持性	−0.74	0.471

续表

胜任特征	t 值	p
执行力	-0.16	0.871
主动性	0.49	0.633
道德与诚实	0.45	0.655
尽责性	0.23	0.822
对本领域的承诺	0.10	0.920
专业能力	0.09	0.936

5. 学校类别对胜任特征评价的影响

在问卷阶段统计的被试学校类别有4类，分别是“985”工程高校（研究型大学）、进入“211”工程但没有进入“985”工程的高校（研究教学型大学）、没有进入以上两项工程但具有博士和硕士学位授予权的高校（教学研究型大学）以及其他大学（教学型大学）。

方差分析结果显示，不同类别高校的被试在3项胜任特征评分上的差异达到了显著性水平，分别是自我监控（$F=4.95^{*}$，$p=0.005$），综合分析（$F=3.93^{*}$，$p=0.014$）以及独立性（$F=3.00^{*}$，$p=0.040$）。

进一步的多重比较结果显示，在自我监控维度上，“研究型大学”被试的评分显著高于“教学型大学”的评分（$F=3.006^{*}$，$p=0.002$）；“研究教学型大学”被试的评分均显著高于“教学型大学”的评分（$F=3.689^{**}$，$p=0.001$）；“教学研究型大学”被试的评分均显著高于“教学型大学”的评分（$F=4.800^{*}$，$p=0.005$），三类大学被试的评分均高于“教学型大学”，结果达到了良好的一致性。

在综合分析维度上“研究型大学”被试的评分显著高于“教学研究型大学”（$F=3.618^{*}$，$p=0.038$）以及“教学型大学”（$F=2.818^{*}$，$p=0.015$）的评分；无独有偶，“研究教学型大学”被试的评分也显著高于“教学研究型大学”（$F=4.222^{*}$，$p=0.025$）以及“教学型大学”（$F=3.422^{*}$，$p=0.012$）的评分。

在独立性维度上，“研究型大学”被试的评分显著高于“教学型大学”的评分（$F=2.406^{*}$，$p=0.024$）；“研究教学型大学”被试的评分均显著高于“教学型大学”的评分（$F=3.422^{**}$，$p=0.006$）；“教学研究型大学”被试的评分均显著高于“教学型大学”被试的评分（$F=3.700^{*}$，$p=0.045$），三类大学被试的评分均高于“教学型大学”，结果达到了良好的一致性。

表 3-41　学校类别对于胜任特征评价的差异检验

胜任特征	F	Sig.（2-tailed）
自我监控	4.95*	0.005
综合分析	3.93*	0.014
独立性	3.00*	0.040
主动性	2.48	0.073
坚持性	1.96	0.134
对本领域的承诺	1.92	0.139
道德与诚实	1.63	0.194
团队合作	1.49	0.231
自我发展	1.39	0.258
计划与组织	1.22	0.313
专业能力	0.84	0.478
执行力	0.76	0.523
沟通表达	0.75	0.530
灵活性	0.74	0.535
尽责性	0.64	0.594
领悟能力	0.49	0.694
人际关系	0.41	0.746

（四）讨论

下面结合研究方法以及数据分析结果，深入讨论心理学专业研究生胜任特征模型构建过程中以及模型结果等方面的几个问题。

1. 研究生胜任特征的特殊性

根据研究生群体与一般员工群体在目的、身份、职责等方面的差异性，研究生的胜任特征模型的建立在研究方法上与一般员工群体有三点不同之处。

首先，研究生的绩效标准难以确定。一般对于员工胜任特征的评价方法都是先确定绩效标准，再对优秀组和普通组分别进行访谈来提取胜任特征。而研究生的绩效标准较难确定，因为不能用单一的考核标准来衡量一个学生的优劣好坏，也缺乏系统和全面的评价标准。此外，研究生既是来学习的，也是来做事的。前一种身份是"消费者"，从校园中吸收知识和资源；后一种身份是"员工"，为学校、学院、实验室尽到应尽的责任和义务。因此，研究生的这种特殊性就注定了该群体的胜任特征的建立不能照搬以往的研究模式。

其次，访谈对象并非研究生群体本身。基于前面提到的原因，本研究并没有选择访谈研究生群体本身，而是访谈最了解研究生的专家群体，包括研究生导师以及博士生。因为这些专家对研究生有着广泛的接触和深刻的了解，能够全面地、客观地、准确地对研究生进行评价。

最后，访谈方法和编码方法与经典胜任特征构建方法的不同之处。在访谈方法上，本研究的访谈方法采取了专家概括法和关键事件访谈法相结合的方法。第一，要求"专家"回忆"别人"的关键事件较困难，尤其是专家无法了解研究生在关键事件发生过程中的内心主观感受，因此，不能完全采用关键事件访谈法。第二，考虑到专家往往接触过大量的研究生，拥有丰富的培养经验，因此，专家的概括会有权威性、代表性和说服力。

2. 研究生胜任特征编码词典的初步构建

以往针对研究生胜任特征的研究较少，缺乏已有的研究生胜任特征编码词典。少数的几个研究生胜任特征研究往往是以 Spencer 的《通用胜任特征编码词典》为基础进行编码的。我们认为这种做法是欠妥的，在研究中我们的切身体会是，研究生的胜任特征不同于一般工作岗位的胜任特征，并且 Spencer 在"*Competence at work*：*Models for superior performance*"中也明确提到，《通用胜任特征编码词典》并不适用于"研究人员"[1]。鉴于此，本研究对国内外研究生胜任特征的相关文献进行了回顾和梳理，综合分析了跨领域、跨学科的若干胜任特征，以此作为编码的起点。在实际编码过程中，根据被访者提到的有代表性的内容对文献提取的各个特征进行不断的完善，整个编码阶段是一个反复修改的过程。本研究初步建立起的研究生胜任特征编码词典为未来同类的研究打下基础。

3. 胜任特征评价的影响因素

(1)被试类别对胜任特征评价的影响

在道德与诚实维度，研究生导师的评分显著地高于硕士毕业生的评分。其中一个原因是学术方面的，研究生导师有着丰富的学术科研经验，科学态度严谨、学术素养深厚，因此，对研究生在科研上的道德与诚实要求很高，绝对不能出现数据作假的现象。另一个原因在访谈过程中很多导师也曾反复提到，导师很看重学生的为人是否忠厚、道德，处事是否注礼仪、有礼貌、重礼节等，与导师提到的“做事先做人”的特征相吻合。而研究生毕业生相对生活阅历和社会经验都较为欠缺，因此，缺乏对道德与诚实这个维度的深刻的体会。

在尽责性维度中，研究生导师的评分显著地高于硕士毕业生的评分；博士生的评分显著地高于硕士毕业生的评分。随着人社会化程度越来越高，责任感也会增强。因此，研究生导师和博士生均对研究生的责任和义务要求较高，在科研学术和为人处世方面能够表现出尽责性，尽到自己应尽的责任和义务。而硕士毕业生由于相对年龄较小，成熟度较低，因此并未体会到尽责性的重要，可能会较多地受到非学业事情的干扰从而影响自己的学习和生活。

在人际关系维度中，研究生导师的评分显著地低于博士生的评分；硕士毕业生的评分显著地低于博士生的评分。可能的原因是高校普遍对博士生的论文要求较高，因此，博士生凭一己之力很难出色地完成科研任务，写出漂亮的文章等，因此，博士生在学术科研期间需要较多地和他人打交道，于是对人际的敏感性、洞察力、友好性等能力要求较高，同时也希望研究生能够具备良好的人际能力和团队合作能力来应对未来的挑战。而研究生导师在做研究的时候拥有相对丰富的人力资源和社会资源，可以将任务下达给学生、同事等共同协助进行研究，因此对人际关系则不是非常看重。

(2)导师经验对胜任特征评价的影响

数据分析结果显示，在人际关系维度上资深导师较普通导师会更为看重，一方面，人际洞察力和敏感性不仅在研究生阶段是重要的，在以后的职业生涯中更是必不可少的重要素质，资深导师更多地从学生的全面发展角度考虑，更倾向于人际关系的重要性；另一方面，有些资深导师在访谈中也曾提到，更加喜欢在毕业后与老师经常来往的学生，这种学生在正式和非正式场合均有很多交往，能够准确地感受到他人的需要，这样便能够更好地与导师沟通和交流，很好地融入实验室群体当中，有利于其在研究生阶段的成长和发展。

此外，资深导师较普通导师更加看重灵活性维度。灵活性包括了应变能力、适应能力、变通思维等，资深导师可能会对研究生要求较为严格甚至苛刻，这种培养方式就需要学生有足够的灵活性来调整自己的心理及行为朝着导师要求的方向发展，去努力适应导师的指导风格。此外，研究生在学术科研以及实践项目上都会遇到许多与所学内容不一致，或者与预期的结果不相同的情境，这时就需要具备应变能力来适应并解决问题。普通导师对研究生的培养要求可能没有那么苛刻，并且在培养过程中会更多地运用指导而不是让学生自己去摸索，因此，对灵活性的要求没有那么严格。

最后，资深导师较普通导师更加看重自我发展的重要性。导师所培养的研究生数量越多，学生的去向就越广泛，工作类型越丰富。因此，有经验的导师会更加注重研究生是否对自己的学术以及职业生涯的规划，希望研究生对自己的未来能够有明确的定位，能够有目的性地学习而不是盲目地学习，所以更加要求研究生规划好自己的未来的发展方向。普通导师由于接触的研究生数量相对较少，更多地局限于对学生学业上的培养，而对学生职业生涯和未来选择上的要求则相对较为宽松。

(3)学校类别对胜任特征评价的影响

不同类型的高校对于学生培养的目标有着本质性的差异，对于研究生的要求也就不尽相同。相比较而言，“985”工程高校的定位是高水平研究型大学，代表了中国高校的最高水平，这类高校最注重的是学生科研能力的培养，对学生的专业素质和研究能力有着很高的要求。而“211”工程高校虽然不及“985”工程高校优秀，但对学生的科研能力和专业水平同样有着较高的要求，培养目标是研究型人才。“没有进入上述两项工程但有硕士、博士授权点的高校”可能办学能力或师资力量较为薄弱，对学生的培养目标也侧重于应用型人才，更加注重学生的实践能力。而“其他大学”则对研究生的要求较低，培养目标更多的是实践和应用人才，更加强调学生的自我完善。

数据分析结果显示，在自我监控维度上，“研究型大学”“研究教学型大学”“教学研究型大学”的被试的评分均显著高于“教学型大学”被试的评分，结果达到了良好的一致性。不难看出，与这三类大学相比，“教学型大学”对于学生的要求较为宽松，学生的行为较为自由散漫，缺少学校和导师的约束，学生可能是为了“混文凭”，学校和导师也疏于管理。因此，对“自我监控”的要求较低。

在综合分析维度上，“研究型大学”以及“研究教学型大学”两类被试的评分显著高于“教学研究型大学”以及“教学型大学”两类被试的评分。因为“研究型大学”以及“研究教学型大学”的教学质量、科学研究能力、管理水平以及办学效益都较为突出，对研究生的要求严格，培养目标侧重于研究型，因此较另外两类普通大学而言对学生的学术科研能力有更高的要求。综合分析能力在科研中有着普遍的体现，比如，文献的阅读、论文的撰写以及学术讨论等方面都需要头脑清晰，条理清楚，体现出科学思维能力。

在独立性维度上，“研究型大学”“研究教学型大学”以及“教学研究型大学”的被试的评分均显著高于“教学型大学”的评分，结果达到了良好的一致性。不难看出，与这三类大学的被试相比，“教学型大学”的被试对学生的独立性要求不高，因为“教学型大学”更加注重学生的实践和工作能力的培养，而独立性更多地体现在独立的思考能力、独立地科研操作能力、独立地论文撰写能力等方面，因此，与科研能力相关更高。

来自不同类型高校的被试对研究生胜任特征不同条目在重要性认识上的差异在一定程度上启示我们，不同性质的大学研究生培养的目标和方式有所不同，因而研究生的“工作内容”也会有所不同。鉴于此，胜任该类型大学的研究生的特征也会有所差异。考虑到本研究构建研究生胜任特征模型的目的是为研究生选拔，尤其是为研究生复试提供标准，因此，在进一步的研究中或许可以根据不同的大学类型，分别构建适合于该类大学的研究生胜任特征，作为该类型大学研究生选拔的标准和依据。本研究在访谈阶段主要选取的是典型的研究型大学中的优秀研究生导师，考虑到学校性质对研究生胜任特征的影响，在进一步的研究中应该扩大访谈对象的代表性，选择部分研究教学型、教学研究型和教学型大学的导师进行访谈。

4. 模型中胜任特征的数量

Spencer曾表明胜任特征模型中不应包含过多的胜任特征，应根据心理学家米勒提出的“7±2”原则进行取舍，因此，胜任特征中究竟需要囊括多少胜任特征就面临着一个艰难的抉择问题[1]。过多、过全的特征会造成模糊、泛化以及缺少针对性，还会使得编码阶段的归类难度加大，编码一致性降低。

因此，本研究在访谈编码阶段共提取了6个胜任特征群的17项胜任特征，并根据问卷结果对胜任特征进行了进一步筛选，最终提取了6个特征群的11项胜任特征。尽量使得胜任特征模型内容广泛并有针对性。

5. 研究生胜任特征模型跨文化的异同

我国研究者孙晓敏对国外研究生胜任特征进行了系统的归纳和梳理，共总结了学业能力、学业努力、个人管理能力、个人自律、人际关系和职业愿景与自我导向这6大类胜任特征群的13项胜任特征[2]。本研究得到的模型与该研究在特征群上相吻合，但具体的胜任特征又不尽相同。

比如，“主动性”“坚持性”“计划与组织能力”“自我发展”特征与国外研究相同，是研究生必须具备的基本特征，具有跨文化的一致性。然而有3个特征在国外研究中较少提到，分别是“自我监控”“领悟能力”“执行力”。“自我监控”要求学生具备监督和控制自己的能力，避免诸如“拖延”“懒惰”等行为的发生。国内大学的环境较为自由，学生脱离了老师和家长的束缚，容易出现因缺少对自己的控制而耽误了学业等现象，而国外则是一如既往的自由教育，学生会习惯于自我管理、自我监控，因此对“自我监控”涉及较少。“领悟能力”要求学生的悟性强，能够一点就通，这在国外的模型中没有涉及，可能也是因为国外的导师资源丰富，每个导师所带的研究生人数较少，因此，有较多的时间和精力对某一个学生进行详细指导。而国内的导师资源紧缺，学生数量多，所以更加要求学生有领悟能力。“执行力”要求学生能够高效地落实任务，是一种付诸实践的能力。由于研究生缺少严格的管理和督促，因此，执行力我国研究生完成任务和落实计划所必备的能力。

（五）结论

心理学专业研究生的胜任特征模型包括11项胜任特征，分别是领悟能力、综合分析、坚持性、主动性、计划与组织、执行力、自我监控、道德与诚实、尽责性、团队合作和本领域的承诺。这11项胜任特征能够将心理学专业的优秀研究生和一般研究生有效地区分开来。

这11项胜任特征经过聚类分析，可以归为学业能力、学业努力、个人管理能力、个人自律、人际能力和职业愿景与自我导向6大胜任特征群。以后的研究应致力于编制出“研究生”或“研究人员”的胜任特征词典，并对胜任特征的等级进行详细的划分，探索出跨专业的研究生通用胜任特征模型。

表3-42　心理学专业研究生胜任特征模型

类　别	具体胜任特征	定　义
学业能力	领悟能力	能够快速而充分地理解他人的观点及意图。具备对科学问题的敏感性，能够较为准确地把握本专业发展动向。善于接受新的观点并能够提出与众不同的、新颖的想法。能够触类旁通、富有创造性地解决在学术科研及实践工作中遇到的难题。
	综合分析	能够从大量信息中提取核心部分进行归纳、分析和推理。拥有严谨的科学思维，头脑清晰、条理清楚。在论文撰写和学术讨论过程中能够深刻地分析、思考并在此基础上提出自己的见解，能够对其他研究做出客观的评价。

续表

类　别	具体胜任特征	定　义
学业努力	主动性	做事积极，无须来自他人的要求就能主动并出色地完成任务。对本专业有好奇心，渴望通过专业学习和科研工作满足自己强烈的求知欲。努力钻研专业知识，积极承担科研工作，对成功有强烈的渴望，希望自己做的事情尽善尽美。
	坚持性	精力充沛并且能够长时间、持续地专注于特定任务。即使面对消极的反馈，仍能够坚持自己的兴趣或想法并取得成功。面对压力有一定的承受能力，并能采取积极的方式予以应对。能够抵抗环境的干扰和外界的诱惑，沿着一个方向一心一意地做事情。
个人管理能力	计划与组织能力	制订可行的目标，并为实现该目标设定恰当的程序；做事有计划性，并能够合理有效地安排时间、任务以及各种资源。
	执行力	能够高效地落实学业、工作及生活上的任务，能够较好地将计划和目标付诸实践，并遵照要求执行。
个人自律	自我监控	为了实现既定目标，能够有效地监督和控制自己的心理和行为，减少和避免影响目标实现的负面行为的发生，确保目标的达成。
	道德与诚实	有端正的科学态度和学术道德。在人际交往中真诚，值得他人信赖。不会因为个人利益而欺骗他人或损害他人的利益。
	尽责性	对于交办的任务能够负起自己的责任，尽到学生应尽的义务。对待即使是很细小的任务也很认真并富有责任感。能够分清主次，不会因学业之外的事情的干扰而耽误研究生的本职工作。

续表

类　别	具体胜任特征	定　义
人际能力	团队合作	在科研项目上能够与导师和实验室成员合作，在学术讨论中能够分享自己的知识经验。能够为集体利益着想，愿意在集体中贡献自己的力量。对别人的努力给予肯定，并以有益的方式给他人以评价和反馈。
职业愿景与自我导向	对本领域的承诺	对心理学有浓厚的兴趣，出于对专业本身价值的认同而学习，而不是出于功利性的目的。能够在自己的专业领域投入足够的时间、精力，渴望在未来从事与专业相关的工作，渴望在专业领域有所建树。

附　录

附录一：心理学专业研究生胜任特征模型访谈提纲

首先，非常感谢您接受我们的访谈。

我们现在在做一个教育部的项目，是有关研究生的胜任特征的，也就是说，与一般的研究生相比，优秀的研究生具备什么样的特征，这些特征可以包括动机、特质、自我概念、态度、价值观、某领域的知识或技能。这个项目的成果可以应用于研究生的选拔，特别是复试环节。希望咱们的研究结果有助于提高研究生选拔的科学性。

您作为指导研究生多年的优秀研究生导师，对于优秀研究生所具备的特征一定有很深刻的看法和体会，因此，我们想就这个主题对您进行访谈。

本次访谈大约需要 90 分钟。如果您不介意，我们希望对访谈内容进行录音。录音材料仅作研究分析之用，并会严格遵守保密原则，请您畅所欲言。

1. 关于导师指导硕士研究生的经历的背景信息

- 请问您是从哪一年开始招收硕士研究生的？
- 到2010年为止，您一共招收了大约多少名硕士研究生？

2. 导师所理解的研究生的工作内容

- 如果把读研究生当作一份工作来看待的话，那么您觉得这份工作主要涉及哪些内容？
- 其中，您觉得最为重要的是哪一方面，或者，如果请您对这些工作进行排序的话，您觉得这些方面就重要性来讲先后顺序是什么？

3. 如果按照您刚才提到的这些方面作为标准，您觉得您所培养的硕士研究生中，特别是在最近的几年里，最为优秀的学生是谁？换句话说，如果可以重新选择的话，您一定还是会招这个学生。

- 他或她是哪一年毕业的？
- 他或她毕业后的工作类型是______？

4. 如果按照您刚才提到的这些方面作为标准，您觉得您所培养的硕士研究生中，特别是在最近的几年里，哪位同学表现很不令人满意？换句话说，如果可以重新选择的话，您宁肯不招这样的学生。

- 这个学生是哪一年毕业的？
- 他或她毕业后的工作类型是______？

5. 您刚才说道，A是您所招的研究生中最优秀的，请您回忆一下，他或她，在您刚才提到的那些研究生“工作”所涉及的重要方面上，曾经做过的给您印象特别深刻的三件事情，这些事情他或她处理或者完成得非常好，让您逐渐形成了对他或她积极的评价。（对导师只能进行关键事件访谈而无法进行行为事件访谈，因为无法询问当事人当时的心理过程特征）

- 第一件事情
    - ○ S：情境。这件事情的发生背景是什么，有谁参与了这件事情？（What led up to the situation？Who were the people involved？）
    - ○ T：任务。A的任务是什么？（What did the interviewee think，feel，want to do in the situation？）
    - ○ A：行为。为了完成该任务，A实际做了什么，发生了什么事情？（What was the result?）

○ R：结果。事件的结果是什么？

○ C：您觉得这件事情反映出 A 在动机、特质、自我形象、知识和技能这五个方面的哪些特征，保证了其成功？

6. 除了这三件 A 做得非常好的事情之外，您能否再回忆一下，A 曾经做的不成功的三件事情？

- 第一件事情

  ○ S

  ○ T

  ○ A

  ○ R

  ○ C：您觉得这件事情反映出 A 在动机、特质、自我概念、知识和技巧这五个方面的哪些不足或者欠缺，导致了 A 的不成功？

7. 您刚才说道，B 是您所招的研究生中很不满意的一名硕士生，您可否回忆一下，B 所做的给您印象特别深刻的三件事情，这些事情 B 处理或者完成得非常好。

- 第一件事情

  ○ S

  ○ T

  ○ A

  ○ R

  ○ C：您觉得这件事情反映出 B 在动机、特质、自我概念、知识和技巧这五个方面的哪些特征，保证了 B 的成功？

8. 除了这三件 B 做得非常好的事情之外，您能否再回忆一下，B 曾经做的不成功的三件事情？

- 第一件事情

  ○ S

  ○ T

  ○ A

○ R

○ C：您觉得这件事情反映出 B 在动机、特质、自我概念、知识和技巧这五个方面的哪些特征，导致了 B 的不成功？

9. 您选择研究生的标准是什么？您觉得优秀的研究生和一般的研究生最大的区别主要表现在什么方面？

10. 最后，基于文献综述，我们对国内外已有的研究生胜任特征进行了梳理，初步得到研究生的核心胜任特征模型。您认为，就心理学专业而言，这六个方面是否包括了决定研究生表现优秀的主要方面，您觉得有没有需要补充的方面？或者您觉得哪些方面是没有意义的？

(1)学业能力

a. 沟通技能

b. 创造力

c. 问题分析与解决能力

d. 批判性思维能力

(2)学业努力

e. 坚持性

f. 主动性

(3)个人自律

g. 尽责性

h. 道德与诚实

(4)个人管理技能

i. 计划与组织

(5)人际关系

j. 人际技能

k. 团队合作

(6)职业愿景与自我导向：

l. 对本领域的承诺

m. 自我发展

11. 您认为心理学专业研究生和其他专业研究生相比，对哪些特征要求更为突出？

好，我们的访谈到此就结束了，非常感谢您的时间和您的支持，谢谢您！

附录二：心理学专业研究生胜任特征问卷(例)

指导语

您好：

首先，非常感谢您在百忙之中参加我们的实验！

我们是北京师范大学心理学院的“心理学专业硕士研究生胜任特征模型”的研究项目组，该研究的目的是提升硕士研究生复试选拔的科学性。根据前期的文献综述和著名心理学专家的访谈，我们初步构建了硕士研究生的胜任特征条目，并根据这些条目编制了问卷。

该问卷的填写仅需10分钟，请您认真作答。作为回报，在该研究的最终研究成果形成之后，我们将第一时间与您分享。在答题过程中，我们会呈现若干胜任特征，并给出其定义，您根据第一感觉作答即可，答案没有对错之分。我们将严格遵循保密原则对您的答案进行处理。

请您点击右下角箭头开始翻页答题！

1/17. 专业能力：掌握心理学专业基本的知识、方法、仪器使用等，并具有较强的科研动手操作能力。具备一定的心理学相关学科的知识，能发现相关领域之间的联系，研究思路具有跨学科的交叉性和多元性。能够将专业知识应用到实践中，参与完成科研实践项目，具备与专业相关的工作技能。

1. 这一特征在多大程度上能将优秀硕士研究生和一般硕士研究生区分开？

非常不能	不能	说不清	能	非常能
○	○	○	○	○

2. 如果学生不具备该特征的话，您觉得他失败的可能性有多大？

非常不可能	不太可能	说不清	有可能	非常可能
○	○	○	○	○

3. 如果期望硕士研究生申请者在考研时就具备该特征，您觉得合理吗？

非常不合理	不太合理	说不清	合理	非常合理
○	○	○	○	○

4. 该特征有多大可能在硕士研究生阶段通过教育和培训得以培养和提高？

非常不可能	不太可能	说不清	可能	非常可能
○	○	○	○	○

第四章　国外研究生选拔方式对我国研究生复试的启示

一、引言

据教育部统计，2011 年全国报考硕士研究生人数达到 151.1 万人，超过 2001 年报考总数的 3 倍，达到历史最高点[1]。面对人数逐年攀升的考研学子，如何提高研究生选拔的有效性，一方面使真正有潜力的学生获得进一步深造的机会，成长为国家建设的栋梁之材；另一方面确保有限的教育资源应用于最适合的群体，提高教育资源的使用效率，成为当前我国高等教育改革面临的一个紧迫任务。

研究生选拔的有效性在很大程度上取决于选拔方式的有效性。目前，研究生选拔的方式可以分为两类，一类旨在评估影响研究生成功的认知因素；另一类则旨在评估影响研究生绩效的非认知因素[2-4]。对申请人的认知因素进行评估，确保录取的研究生有充分的认知能力和知识基础以胜任研究生阶段的学习，这一点在研究生选拔的实践与研究中早已被广泛认可[5-7]。同时，大量研究表明，人格、态度和动机等非认知因素对于研究生的成功也至关重要[8-10]，因为它引导着个体在智力活动和情境中的选择、努力程度及坚持性水平[11]。Kuncel 等[12]基于来自多个学科的 1753 个独立样本(总样本量为 82 659 个)对美国研究生入学考试(Graduate Record Examination，GRE)的预测效度进行了元分析，最终得出结论：要提高研究生选拔的效度只有通过在认知变量的基础上引入非认知变量，仅仅停留在对认知因素的考查上很难实现研究生教育选拔的目标。概括而言，目前研究者已达成共识，研究生选拔的过程应该既包括对申请人认知特征的测量，也包括对其非认知特征的评估[13-15]。

与上述研究结论相一致，我国的研究生选拔也是从认知和非认知因素两个方面对申请人予以考查。初试环节的全国研究生入学考试重在对考生认知因素的测评。就复试而言，教育部2006年发布了《关于加强硕士研究生招生复试工作的指导意见》，要求通过专业课笔试、实践能力考核以及面试等方式，对考生的专业素质和能力以及综合素质和能力予以评估。其中，专业素质和能力包括大学阶段学习情况及成绩，对本学科理论知识和应用技能掌握程度等；综合素质和能力包括思想政治素质和道德品质，本学科以外的学习、科研、社会实践，事业心、责任感、纪律性、人文素养以及举止、表达等[16]。由此可以看出，我国的研究生复试既包括对考生专业知识等认知因素的进一步考查，也包括对其道德品质等非认知因素的考查。《意见》规定，复试成绩占总成绩的30%～50%，复试成绩不合格者，不予录取。复试在研究生选拔中的地位已相当重要，其有效性在很大程度上影响着研究生选拔的整体有效性。

尽管《意见》对研究生复试工作做出了规范化的要求，但当前研究生复试实践中仍存在大量问题。就认知因素的考察而言，主要的评价方式是专业课笔试。而复试中的笔试缺乏标准化，往往是本专业教师考前命题，缺乏对题目难度、区分度的必要预测和分析，信效度令人质疑。此外，尽管绝大多数研究生招生机构也要求考生提交本科成绩单，但本科成绩并未用于对考生认知因素的评估，而只是作为复试资格审查的资料[17-20]，对复试成绩以及最终的录取决策并未产生实质性的影响。就非认知因素的考察而言，主要的评价方式是面试。面试存在的问题很多，一方面，一些根本不适合通过面试考查的非认知因素被要求通过面试予以评价，如道德品质和价值观[21]等具有很强社会称许性和内隐性的因素也经常被列为面试维度，事实上这类非认知因素很难通过短短半小时的口头面试而得到准确评价；另一方面，面试实践中程序不规范、面试问题不科学、评分标准不明确以及主考教师缺乏面试技术等问题非常普遍[22]。

面对我国研究生复试的现状，我们不禁思考：当前研究生复试中所采用的认知和非认知因素的考查方式信效度究竟如何？是否存在其他的方式可以更为有效地对考生予以评价？我们以研究生复试及相关主题作为关键词对中文学术文献进行了检索，发现我国有关研究生复试方式有效性的实证研究寥寥无几，这与我国研究生复试实践所存在的诸多问题形成鲜明的对比。由此，我们对国外研究生选拔方式的相关研究进行了系统的检索、梳理和分析，希望能对进一步提高我国研究生复试的科学性和有效性提供一些启示和借鉴。

二、国外研究生选拔方式概述

在国外研究生选拔的过程中，对申请人的认知因素进行考查的主要方式是本科阶段的成绩（Grade Point Average，GPA，即本科各门课程成绩以课程学分为权重的加权平均值）和标准化入学考试（如 GRE）、管理学研究生入学考试（Graduate Management Admission Test，GMAT）、医学院研究生入学考试（Medical College Admission Test，MCAT）、法学院研究生入学考试（Law School Admission Test，LSAT）、米勒类推测验（Miller Analogies Test，MAT）等，这些往往被称为一级标准或客观标准；对申请人非认知因素进行评价的主要方式是面试、推荐信和个人陈述，这些往往被称为二级标准或主观标准[4,14,23]。Walpole 等[24]对美国 20 所研究生招生机构、26 个不同学科的 100 多位参与研究生录取的教师进行了访谈，结果表明，大多数研究生招生机构对申请人的考查方式是本科 GPA、GRE、面试、推荐信以及个人陈述。Puryear 等[25]对美国 107 所医学院进行了调查，结果表明，本科 GPA 被 89 所医学院列为最为重要的或第二重要的研究生选拔方式，随后依次是面试（76）、MCAT（70）和推荐信（52）。Norcross 等[3]对美国和加拿大的 1970 个心理学研究生教育项目进行了调查，要求招生机构在 3 点量表上对常用的硕士研究生选拔方式进行评价，结果表明，最为重要的考查方式是本科 GPA（$M = 2.75$，$SD = 0.43$），随后是推荐信（$M = 2.74$，$SD = 0.49$）、个人陈述（$M = 2.63$，$SD = 0.55$）、GRE/GMAT（$M = 2.36$，$SD = 0.43$）以及面试（$M = 2.30$，$SD = 0.76$）等。概括而言，尽管不同专业或院校的研究生选拔方式存在一定差异，但是标准化入学考试、本科 GPA、面试、推荐信以及个人陈述在大多数研究生选拔过程中都被采用。

除了上述评价方式之外，国外研究生选拔实践和研究中还有一些应用较少或正在探索的非认知因素的测评方式，如传记式数据、情境判断测验、客观人格测验、内隐测量技术和条件推理测验等。传记式数据（Biographical data，Biodata）是有关个体过去经历的“历史性的、可验证的”信息[26]，有研究表明，Biodata在预测大学生学业成就时有相对于SAT分数和“大五”人格因素的增益效度[27]；然而有关Biodata的效度证据多来自研究领域而非实际的选拔情境；Biodata的最大问题在于可以作假，当用于高风险的选拔情境时，考生很可能提供不实的信息；尽管有研究表明在Biodata问卷中通过要求申请人提供可以验证的详细信息能够在一定程度上减少作假[28]，但是验证信息所要求的大量人力、物力和时间资源使得将这种方法应用于大规模的研究生选拔实践的做法尚不成熟。情境判断测验可用于测量成就导向、尽责性、可靠性、领导力、宜人性和人际理解力等多种非认知因素，并且有研究表明情境判断测验可以在一定程度上预测大学学业成功[27]；然而重测和培训可以在一定程度上提高情境判断测验的分数[29]，作假也会影响其预测效度[30]；此外，情境测验的评分问题仍存在大量争议[31]。客观人格测验虽不易作假[32]，但其效度尚缺乏充分的证据[33]。内隐测量技术一方面存在构想效度的争议[34]；另一方面在一定程度上也有作假的可能[35]。条件推理测验尽管可用于测量世界观、人格或动机等非认知因素[36]，但采用该方法得到的研究结果往往难以重复，而且这类测验是否的确不易作假尚需进一步检验[37]。

就个人陈述而言，其优点在于使得申请人有机会通过对自己人格、动机、过去成就、技能、教育经历等的描述，表明自己与所申请专业和学校的适恰性[38]。个人陈述虽被很多机构用于研究生选拔过程，但其有效性却受到已有实证研究的一致质疑[38-40]。Ferguson等[38]考查了个人陈述与医学院一年级研究生学业绩效的关系；其中，学业绩效指标包括研究生在不同科目上的课堂作业、考试论文、学术报告和教师观察评分等；结果发现，个人陈述对于研究生在基础科学和临床技能方面的21个效标变量均没有预测效度。Powers等[39]的研究表明个人陈述并不是研究生写作能力的有效预测变量；该研究考查了个人陈述、标准化写作测验与研究生入学后的多种写作能力与效标之间的关系，结果发现，个人陈述与几乎所有效标之间的相关都显著低于标准化写作测验成绩，而且，个人陈述与一些效标之间的相关甚至为负；上述结果在很大程度上可以归因于申请人在撰写个人陈述过程中往往得到他人的帮助。Murphy 等[40]对个人陈述的预测效度所做的元分析表明，个人陈述对于录取后的学业成绩和教师评价的预测效度非常微弱；在将本科 GPA 和标准化入学考试成绩考虑进来后，个人陈述对于录取后学业绩效的预测没有增益效度。而且，到目前为止，尚未出现改进个人陈述的有效方法。

综上所述，通过对国外研究生选拔实践和研究中关于认知和非认知因素评价方式的系统回顾，我们认为，除了标准化入学考试之外，本科 GPA、面试和推荐信这三种考查方式是国外应用最为广泛、研究较为深入的研究生选拔方式，其丰富的研究成果对于我国研究生复试实践具有一定的启示作用。

三、本科成绩在研究生选拔中的应用

本科阶段的成绩是绝大多数研究生招生机构考查研究生申请人认知因素的最重要的方式之一[3,25,41]。大量已有研究几乎一致表明，本科成绩对于多种研究生绩效标准具有良好的预测效度[5,42,43]。

(一)本科成绩的预测效度

大量研究表明，本科 GPA 是研究生 GPA 的有效预测变量，而且其预测效度往往大于 GRE、GMAT、MCAT 等标准化研究生入学考试成绩。Zwick[44]考查了本科 GPA 对管理学研究生一年级及整个研究生阶段 GPA 的预测效度；该研究收集了来自 36 个研究生机构共 5219 名管理学专业研究生的数据；结果发现，与 GMAT 的语言和数学分数相比，本科 GPA 对研究生 GPA 的预测更准确。Truell 等[45]以 GPA 作为研究生学业绩效的效标变量，对 179 名工商管理硕士研究生的数据进行了回归分析，结果表明，与 GMAT 等其他预测变量相比，本科 GPA 是研究生 GPA 最为显著的预测变量，而且本科 GPA 对研究生 GPA 预测的贡献效果量大于 GMAT 分数。Reisig 等[6]的研究考查了本科 GPA 和 GRE 对研究生 GPA、低分科目数以及未完成科目数的预测效度，通过对279名理学硕士学业成绩的分析、研究发现，与GRE分数相比，本科GPA与研究生GPA等上述三种研究生学业绩效效标之间的相关都更高；在包含本科GPA和GRE的有序logistic回归模型中，本科GPA对研究生GPA等上述三种绩效效标变异的解释贡献率都大于GRE。Evans等[5]考查了本科GPA和MCAT对研究生GPA等研究生学业绩效效标的预测效度；基于434名医学院研究生的数据，该研究发现，与MCAT及其分项成绩相比，本科GPA是研究生GPA等研究生学业绩效效标最重要、最显著的预测变量。Rubio等[46]的研究表明，GRE并不总是能够成功预测所有学科研究生的绩效，而本科GPA却是所有学科研究生GPA最好的预测变量。

大量研究还表明，本科GPA对研究生学业成绩年级排名、获得学位所需时间以及职业资格考试成绩等研究生学业绩效效标也有良好的预测效度。Christensen[47]对157名法学院研究生进行了调查，考查了本科GPA和LSAT分数等预测变量与研究生学业成绩年级排名之间的关系；结果表明，本科GPA是法学院研究生学业绩效更好的预测变量，本科GPA与年级排名之间呈中等程度的相关($r=0.46$)，而LSAT与年级排名仅微弱相关($r=0.23$)。Onasch[48]的研究考查了本科GPA和GRE成绩对研究生获得理学硕士学位所需时间的预测效度；数据来自获得理学硕士学位的100名学生的档案；结果发现，具有较高本科GPA的学生完成硕士学位所需的时间更短，而GRE分数却不能预测学生能否按期完成学业。Kulatunga等[49]考查了本科GPA、MCAT等录取变量对研究生在加拿大医学委员会职业资格考试(Medical Council of Canada's Licensing Examinations，LMCC)中所得成绩的预测效度；基于97名医学院研究生的数据，该研究发现，与MCAT等其他变量相比，本科GPA对于预测LMCC中的学术和临床测验分数都是最为有效的；特别地，MCAT与LMCC临床测验分数的相关并不显著($r=0.07$)，而本科GPA与其相关为0.25且在0.05水平上显著。

尽管国外研究生选拔实践中往往以本科总体GPA作为录取决策的重要依据之一，但也有不少研究者考查了大学三四年级GPA、科学课程GPA以及专业课程GPA等其他类型的本科成绩作为研究生绩效预测变量的有效性。Paolillo[50]考查了大学三、四年级 GPA、GMAT、全脱产/在职、本科专业、年龄等多种录取变量对工商管理专业研究生 GPA 的预测效度；基于220 名工商管理专业研究生的数据所做的逐步线性回归分析发现，大学三、四年级 GPA 是最早进入回归方程的变量，且在 0.01 水平上显著。Ragothaman 等[51]考查了大学三、四年级 GPA、GMAT、年龄等预测变量与研究生 GPA 之间的关系；基于 163 名会计专业研究生的数据，该研究发现，以上预测变量中大学三、四年级 GPA 与研究生 GPA 之间的相关最高。Brown-Hendershott[52]考查了本科 GPA 和 MCAT 等录取变量对研究生学业绩效的预测效度；基于对 789 名医学院研究生数据的分析，该研究发现，本科 GPA 是比 MCAT 分数更好的医学院研究生学业绩效的预测变量。Jongdae 等[53]研究了本科会计课程 GPA 和 GMAT 分数等会计专业研究生录取变量与研究生 GPA 之间的关系；基于对 108 名会计专业研究生数据的分析，该研究发现，本科会计课程 GPA 是比 GMAT 更好的会计专业研究生学业绩效的预测变量。

(二)本科成绩与本科院校的竞争性水平

本科成绩用于研究生录取决策，人们往往考虑到的一个问题是来自不同学校的研究生申请人的本科成绩是否具有可比性，因为不同院校的教学要求与质量以及学生整体水平等方面的差异可能会使得直接对不同学校的本科成绩进行比较缺乏共同的基础和标准。国外研究生选拔的实践和研究中，往往采用本科院校竞争性水平这一概念来衡量学校之间在教学质量等方面的差异。以美国为例，主要有三种本科院校竞争性水平指标：第一种是基于每年各大学所录取本科生的平均入学考试成绩而构建的高等教育研究机构指数，也被称为奥斯汀指数(Astin Index)[54]；第二种是基于每年各大学所录取本科生的入学考试成绩中位数、高中阶段年级排名以及报录比等信息而构建的综合反映各大学竞争性程度的巴恩选择性指数(Barron's Selectivity Index)[55]；第三种是根据各院校学位授予项目的范围和类型以及每年所获联邦资助等而对各高校进行分类的卡耐基分类体系(Carnegie Classification)[56]。

对于是否应该在研究生录取决策中考虑申请人本科院校的竞争性水平，

研究者之间尚未达成一致。有的学者认为，本科院校的竞争性水平应当作为研究生录取决策的依据。研究发现，当依据本科院校的竞争性水平对大学机构进行分类后，竞争性水平较低的学校科学课程的平均 GPA 更高，而竞争性水平较高的学校科学课程的平均 GPA 更低[23]。Hall 等[57]的研究则发现，科学课程 GPA 的变异中 70% 都可以归于学校的竞争性水平。因此，有研究者认为，在研究生录取环节中引入本科院校的竞争性水平方面的数据有助于控制不同院校之间在教学要求和质量等方面的差异。以本科院校的竞争性水平作为权重因素，可能有助于进一步提高本科 GPA 的预测价值[58,59]。

然而，研究发现，即使本科院校竞争性水平对研究生绩效具有预测作用，但它却缺乏相对于 MCAT 等标准化研究生入学考试的增益效度。Clapp 等[60]基于对某医学院连续两年录取的各 110 名研究生数据的分析，结果发现，尽管经过本科院校竞争性水平校正之后的本科 GPA 对研究生学业绩效的预测效度显著高于原始本科 GPA，但是当增加了 MCAT 成绩之后，研究生期间考试成绩和教师主观评价等大多数研究生绩效效标回归模型的预测效度并未显著增加；基于此，研究者指出，本科院校的竞争性水平对于大部分研究生绩效效标的预测作用或许等同于 MCAT。Blue 等[61]考查了高等教育研究机构指数、巴恩选择性指数以及卡耐基分类体系这三种主要的本科院校竞争性水平指标对医学院研究生 GPA 以及职业资格考试成绩等研究生绩效效标的预测程度；通过对 405 名研究生的上述数据进行分析，结果表明，当采用原始本科 GPA 和 MCAT 对研究生学业绩效效标进行预测时，任何一种本科院校竞争性水平指标以及相应的本科 GPA 校正对于模型的预测效度都没有贡献。该研究得出结论，采用本科院校竞争性水平指标作为研究生录取决策的变量可能是没有必要的；而且，采用这类指标可能还会对来自较低竞争性水平院校的研究生申请人造成歧视。

以上研究结果启示我们，如果录取决策仅仅是基于本科 GPA，那么通过本科院校竞争性水平指标对原始 GPA 进行校正是有必要的，因为不同竞争性水平的院校之间其本科 GPA 可能的确存在差异。但是，如果录取决策是同时基于本科 GPA 和标准化研究生入学考试成绩，那么再通过本科院校竞争性水平对本科 GPA 进行校正或许就是没有必要的，因为申请人之间在本科院校竞争性水平上的差异已经表现在了申请人之间在标准化研究生入学考试成绩上的变异，即在本科 GPA 的基础上加入标准化入学考试成绩或许就已经实现了与加入本科院校竞争性水平指标类似的校正功能。

（三）关于本科成绩的小结

通过系统梳理本科成绩应用于研究生选拔的相关文献，我们发现，大量研究表明本科成绩是研究生 GPA、学业成绩年级排名、获得学位所需时间以及职业资格考试成绩等多种研究生绩效效标的有效预测变量，而且其预测效度往往大于标准化研究生入学考试成绩。关于本科三、四年级 GPA、科学课程 GPA 以及专业课程 GPA 的研究考查了不同形式本科成绩的预测价值，为进一步提高本科成绩在研究生选拔中的效用提供了有益的探索方向。此外，有关本科成绩与本科院校竞争性水平的研究在一定程度上为研究生选拔中直接使用申请人的本科 GPA 消除了疑虑，鉴于研究生招生机构往往同时采用本科 GPA 和标准化入学考试成绩对申请人的认知因素进行评估，而已有研究表明标准化入学考试成绩或许已实现了与加入本科院校竞争性水平指标类似的校正功能，因此，再加入本科院校竞争性水平的因素或许是不必要的。

四、面试在研究生选拔中的应用

面试是研究生选拔过程中对申请人的非认知因素进行评价的最常用的方式[24,25,62]。但是，大量研究却表明，研究生录取面试的预测效度非常低[63-65]。

（一）录取面试的预测效度

有关录取面试预测效度的研究主要指向研究生学业成绩和专业实践两类效标。大多数研究表明，录取面试对于研究生的学业成绩几乎没有预测作用。Walton[62]在对医学专业研究生选拔的相关文献进行回顾的基础上指出，申请人的录取面试得分与随后研究生阶段的学业成绩之间不存在相关。在 Kelman[66]的研究中甚至发现两者之间存在一定程度的负相关。Smith[67]

对123名研究生的数据进行了分析，其中44名经过面试录取，79名未经面试录取；结果发现，接受了面试的研究生和没有接受面试的研究生在研究生一年级课程成绩等三种客观绩效指标上均无显著差异。Goho等[68]对健康护理领域的20个采用录取面试选拔研究生的研究进行了元分析，其中19个研究(总样本量为4629个)考查了面试表现与研究生学业成绩的关系。分析发现，面试对学业成绩预测的平均效应值为0.06(95%置信区间为0.03～0.08)，该结果表明录取面试对研究生学业成绩的预测作用微乎其微。

就专业实践而言，有的研究表明录取面试对于研究生专业实践表现没有预测作用，而有的研究却发现具有微弱的预测作用。Kelman[66]发现面试评委对研究生申请人的评价与这些研究生在高年级临床实践阶段临床教师对他们在相同特征上的评价不相关，而且经过面试和未经面试录取的研究生在临床教师评价上也不存在显著差异。Smith[69]将113名经过面试的研究生与67名未经面试的研究生在驻院实习阶段的导师评分进行了比较，发现两者之间并不存在显著差异。Basco等[70]的研究考查了录取面试是否可以预测医学院研究生在专业实践中与患者之间的人际互动表现；结果发现，录取面试得分与高年级临床实践测验总分之间的相关为0.13($p=0.056$)，而与该测验中的人际技能得分之间的相关为0.15($p<0.05$)；该研究得出结论，就该医学院的录取实践而言，录取面试对研究生与患者的人际互动表现的预测效度非常有限。在前述Goho等[68]所做的元分析中，有10个研究(总样本量为1283个)考查了面试表现与临床绩效之间的关系，分析发现，面试对临床绩效预测的平均效应值为0.17(95%置信区间为0.11～0.22)，该结果表明面试表现与临床绩效有一定程度的相关。

基于已有的研究结果，Kreiter等[71]指出，与录取决策所基于的其他变量相比，面试的心理测量学指标相差甚远，将面试作为研究生选拔过程中一个重要组成部分的合理性令人质疑。而且，面试并不是免费的，面试数据的获得需要投入大量的成本，包括面试内容和程序开发的费用、教师和服务人员的时间以及申请人在时间和经济上的投入等[68]。据Gabard等[65]调查，每个研究生招生机构中，教师和行政人员总共用于准备面试的平均时间为175小时，平均面试人数为126人，每位申请人的平均面试时间是41分钟。面对面试如此巨大的投入以及上述令人沮丧的效度研究结果，我们不由地追问，研究生录取面试缺乏效度的原因究竟是什么？是面试这种评估方式本身并不适合研究生选拔的情境，还是研究生录取面试在实施过程中存在问题？如果是前者，我们就不得不认真考虑是否应该放弃面试这种昂贵且无效的选拔方式；如果是后者，则提示我们必须对研究生录取面试实践予以改进。

（二）录取面试缺乏效度的原因

对于面试的预测效度，人事选拔领域在20世纪末已经达成共识，选拔面试是预测工作绩效的一种非常有效的工具[72-74]。Schmidt等[75]对1985年的人事选拔研究进行了回顾并最终得出结论，选拔面试是对工作绩效和培训有效性的最好的预测变量之一，并且这一结论具有跨职业、跨效标以及跨组织的一致性。当前，人事选拔领域对于面试的预测效度已经不存在质疑。

然而，大量元分析还表明，尽管选拔面试是一种有效的人事选拔工具，但面试的效度受到面试结构化程度的调节。Conway等[76]对160个选拔面试信度研究的元分析表明，研究设计、评委培训以及面试结构的三个维度（问题标准化、评分标准化、分数整合标准化）是面试评分者信度的调节变量。Wiesner等[77]对150个面试效度研究的元分析发现，结构化面试的平均效度系数是非结构化面试的两倍。结构化面试可以在很大程度上控制面试中容易出现的偏差。面试越结构化，面试成绩对于效标绩效的预测能力越强[78]。松散的或无结构化的面试没有预测能力或预测能力很低[79]。

就研究生选拔过程而言，结构化的录取面试要求：系统分析确定研究生成功所必需的关键因素或特质并以此作为设计面试题目的基础；确保提问的一致性以及评委的一致性；面试评分时采用行为锚定的评价量尺；对面试评委进行必要的培训等[78,80]。那么，在研究生选拔实践中，录取面试的结构化程度究竟如何呢？

Streyffeler等[81]的研究发现，大多数研究生录取面试并没有预先设计的问题，而是评委随机提问任何自己认为恰当的问题，然后往往基于内隐的、评委个人认为与研究生学业成功相关的标准进行评分。Elam 等[82]通过对医学院研究生录取面试过程中评委笔记的内容分析发现，具有不同专业背景和面试经验的教师对于同一面试的目的和结构有着彼此不同的看法。据 Johnson 等[83]对 92 位评委的调查，大多数研究生录取面试对评委缺乏必要的培训，面试结构化程度很低。Nayer[84]和 Agho 等[63]的研究也发现，研究生录取面试的结构松散，面试评委的角色非常主观但却对研究生录取决策具有重要的影响。

基于面试在人事选拔领域的出色表现以及研究生录取面试普遍缺乏结构化的现状，我们不难得出结论，研究生录取面试之所以缺乏效度，关键问题在于录取面试的结构化程度过低。在非结构化的研究生录取面试中，每位面试评委心目中有自己理想的研究生模型，这些彼此不同的评价标准使得依据面试结果预测研究生未来的绩效变得几乎不可能[80,85]。大量实证研究也反复证明这种非结构化的录取面试无法预测研究生未来的学业成就[69,86]。Streyffeler 等[81]强调，准确地预测绩效要求认真地设计并验证测评的工具。未经培训的评委、随意的提问、采用不明确的标准进行评价，这样的面试是难以预测研究生的未来绩效的。因此，研究者们强调，提高面试的结构化程度是提高研究生录取面试有效性的关键[78,83]。

(三)关于面试的小结

面试是研究生选拔中最流行、最常用的非认知因素评估方式，同时也是最耗时、最昂贵的获取申请人信息的复试方式。然而，关于研究生录取面试效度研究的文献回顾令人震惊，除了有些研究发现录取面试对研究生的专业实践表现具有微弱预测作用之外，大量研究结果表明录取面试缺乏对研究生绩效效标的预测效度。人事选拔领域结构化面试充足的效度证据以及研究生录取面试普遍缺乏结构化的现状说明，很可能并不是由于面试这种选拔方式不适合研究生选拔的情境，而是由于研究生录取面试结构化程度过低，从而损害了面试这一广泛采用的人事选拔工具本可达到的预测效度。因此，针对具体的培养目标加强面试的前期研究，提高面试题目设计、提问方式和评分标准的结构化程度并确保面试评委接受必要的培训等，这些措施将在很大程度上改善研究生录取面试的科学性和有效性。

五、推荐信在研究生选拔中的应用

几乎所有的研究生招生机构都要求申请人提供推荐信[24,87,88]。推荐信在研究生选拔过程中之所以重要，主要有三方面的原因[89]。首先，也是最主要的原因是推荐信提供了申请人过去的绩效和表现，而研究发现过去的绩效和表现是未来成功良好的预测变量[90]。其次，推荐信可以提供录取过程中通过其他评估方法无法获得的信息，从而具有相对于其他方法的增益效度[91]。最后，作为推荐人的导师或其授课教师往往有机会观察申请人的典型表现而不仅仅是其最优表现；研究表明，测量最优表现的方法可能并不能准确预测申请人在未来情境中的典型表现[92]。

(一)传统推荐信的预测效度

尽管推荐信在研究生选拔过程中应用广泛，但是，传统推荐信的预测效度并不理想。研究表明，推荐信的内容往往与未来绩效的相关性很低[93]。Reilly 等[94]对 10 个推荐信效度研究(总样本量为 5718 个)结果的元分析表明，推荐信和总体效标之间的平均相关为 0.14。Berman[95]的研究考查了推荐信等录取变量对临床心理学专业研究生的学业成绩和职业能力的预测作用，结果表明，推荐信并不能有效预测上述效标。Zeleznik 等[88]研究了推荐信的推荐程度与研究生绩效之间的关系，该研究收集了 236 名医学院研究生的本科 GPA、推荐人对申请人的推荐程度以及研究生阶段的学业绩效指标(包括研究生 GPA、全国医学委员会测验成绩等)，结果表明，尽管推荐程度与上述研究生学业绩效指标之间存在微弱相关，但在多元回归分析中推荐程度对于研究生学业绩效的预测并无显著贡献；该研究质疑了研究生选拔中以推荐人对申请人的推荐程度作为录取决策依据的意义，并提出应该对传统推荐信的形式和方法进行改进以提高其预测效度。Vannelli 等[96]的元分析发现，推荐信与教师对研究生的评价之间的相关系数为 0.25，与研究生 GPA 之间的相关系数为 0.14，与研究生的研究成果之间的相关系数为 0.10。

(二)传统推荐信缺乏效度的原因

影响传统推荐信效度的首要问题是宽容偏差(leniency errors)的普遍存在。推荐信能否成为研究生未来绩效的有效预测变量，很大程度上取决于推荐信所提供信息的准确性和具体性。而研究表明，推荐信往往对申请人的能力和技能有所夸大[97]。Schneider[98]在其《为什么不能相信推荐信》一文中尖锐指出，“‘好’并不意味着好，而是意味着令人绝望的平庸；‘可靠’则是乏味和缺少想象力的简称”。Grote 等[99]的研究考查了推荐信是否包含申请人的准确信息，结果发现，推荐信很少提及申请人负面的或者不良的人格特征、技能或行为。Loher 等[100]的研究表明，过度宽容偏差削弱了推荐信的预测效度。

影响传统推荐信效度的第二个主要原因是推荐者一致性信度过低。传统推荐信作为推荐人对申请人的主观描述，往往缺乏统一的评价维度。不同的推荐人基于各自对研究生录取标准的理解、从不同的角度出发对申请人进行评价，导致推荐者之间缺乏一致性，进而影响了推荐信对于录取决策的价值。传统推荐信的信度问题是如此严重，以至于 Baxter 等[101]的研究发现，同一个推荐人为两个申请人分别写的两封推荐信之间的一致性程度竟然大于两个推荐人为同一个申请人所写的两封推荐信之间的一致性程度。由此，他们指出，传统推荐信似乎更多体现的是推荐人的特点而不是被推荐者的特征。

影响传统推荐信效度的第三个主要原因是推荐信评分的主观性。传统推荐信的形式使得推荐信在评分环节很容易出现问题[102]。一方面，推荐信往往充满一般性的、含糊的语言，评阅人不得不从字里行间猜测推荐人的真正意图[24]，评阅人对推荐信中信息的这种主观解释容易导致误读或错误的判断；另一方面，不同的评阅人对同一封推荐信的评价可能由于标准的不同而差别很大，由此，一封推荐信是否包含有效的证据以证实申请人所具有的特点，在很大程度上依赖于评阅人各自的标准甚至推荐人写信的技巧。Aamodt 等[97]的研究发现，通过改进推荐信的评分方式，可以在一定程度上提高推荐信对未来绩效的预测效度。该评分过程要求两位专家依据详细的编码规则将推荐信中提及的申请人的特征归入事先确定的类别中。尽管采用这种方法的推荐信的预测效度能够得以提高，但这种评分过程要求专家投入大量的时间和精力，因而难以应用于大规模的研究生选拔实践。

（三）标准化推荐信的研究与实践

为了弥补传统推荐信的不足，研究和实践领域逐渐探索和推出了标准化推荐信。与传统推荐信完全开放式的主观描述不同，标准化推荐信采用所有推荐人都必须遵循的结构化的形式收集有关申请人的信息。相比较而言，标准化推荐信的优势主要体现在两个方面：其一，针对传统推荐信推荐者一致性信度过低的问题，标准化推荐信的形式有助于促使推荐人对申请人进行评价时依据相对一致的评价标准，而且标准化的格式可以减少推荐人的特点（如写作质量和风格、人格特征等）对推荐信内容的影响；其二，针对传统推荐信评分的主观性问题，标准化推荐信往往采取 Likert 量表、相对百分位数量表等方式对申请人的重要特征进行定量评价，从而使得推荐信的评分像标准化测验一样客观和便捷。Daniel[103]的研究发现，标准化推荐信可以成为未来绩效的有效预测变量（$r = 0.33$）。McCarthy 等[89]比较了多种形式标准化推荐信的有效性，结果表明，采用恰当形式的标准化推荐信可以显著预测绩效，效度系数可达到 0.41，明显高于传统推荐信的效度。

美国教育测验服务中心（Educational Testing Service，ETS）研究生入学考试委员会的研究者 Walpole 等[24]对来自多个机构代表不同学科的 101 位参与研究生录取的教师就研究生选拔的方式进行了访谈，其中大多数教师都提出希望能够用更为系统化的推荐信取代传统的推荐信。2009 年 7 月，ETS 在大量前期调查研究[24,102,104]的基础上，推出了研究生申请者的“个人潜力指数”标准化推荐信系统（Person Potential Index，ETS ® PPI）[105]。PPI 作为第一个在高等教育选拔领域中大规模使用的非认知因素的测量指标，已经正式成为标准化研究生入学考试的补充，用于提供标准化入学考试所不能评价的申请者在非认知因素上的特征[105]。PPI 是一种基于网络的标准化推荐信[106]，该系统允许每位研究生申请者最多选择五位推荐人（往往是其导师或其他授课教师），由推荐人从 6 个对研究生学业成功非常重要的维度上对申请人进行评价，包括知识与创造性、沟通技能、团队合作、韧性、计划与组织以及道德与诚实。评价采用 Likert 5 点量表，每个维度 4 个项目，共 24 个项目。此外，推荐人还可以就自己的评分给出简短注解。在大规模推广之前，PPI 已经被用于 ETS 的夏季实习生和研究者招募[107]，并在项目 1000（Project 1000）中被用于选拔研究生[106]，这些预实验为 PPI 用于大规模研究生选拔提供了支持证据。

PPI 作为一种标准化推荐信，较好地解决了传统推荐信推荐者一致性信度过低以及评分主观性的问题。但到目前为止，PPI 仍然不能很好地解决宽容偏差对推荐信预测效度的影响。对此，ETS 提出了如下主要思路和方案来逐步解决这一问题[108]。(1)国家和局部常模锚定。随着推荐信数据的积累，PPI 将为研究生招生机构提供 PPI 总分以及每个维度的国家和局部（如学校和院系）常模。常模信息可以提供申请人推荐信得分的相对百分位数。根据申请人的 PPI 分数以及国家和局部常模，招生机构可以定位该申请人相对于全国其他申请人或相对于特定学校、院系的其他申请人在影响研究生成功的 6 个非认知因素总分以及每个具体维度上的相对位次，从而便于招生机构更恰当地基于 PPI 进行决策。(2)推荐人评价历史即时反馈。PPI 标准化推荐信系统在线收集评价数据并自动记录每位推荐人的个人评价历史。每当推荐人完成对特定申请人在某个项目、维度或总体的评分之后，系统将根据该推荐人以往的评价历史提供即时反馈，例如："您对这位申请人的评价是您已有评价的第 90 百分位数，您确定吗？"同时，推荐人还可以随时查阅自己的推荐历史。这种反馈机制使得推荐人对自己的评价更谨慎，并有助于推荐人保持自身评价标准的一致性。(3)推荐人宽严程度校正。随着 PPI 标准化推荐信系统中越来越多的推荐人评价信息的汇集，PPI 可以对每位推荐人的评分宽严程度进行估计并最终实现对其评分的相应校正。与其他推荐人相比，如果某位推荐人在对相同申请人进行评价时总是给出过高的评价，那么该推荐人的评分经过统计校正后将被相应减低，以校正其过度宽容偏差。(4)推荐人效度校正。这种方法将推荐人评分的预测效度考虑进来，在推荐人的评分与申请人的效标变量（如研究生 GPA）之间建立联系，并使得不同推荐人的评分可以在同一效标变量的尺度上进行比较。如果某位推荐人的评价能够更为准确地预测申请人随后的研究生阶段的绩效效标的话，则表明该推荐人的评价有良好的预测效度。与那些效度比较差的推荐人相比，预测效度良好的推荐人的评价将被赋予更大的权重。这种方法尽管一开始难以做到，但随着推荐信数据的积累以及申请人效标数据的定期收集，这种校正对于提高整个 PPI 标准化推荐信系统的预测效度有着深刻的影响。

（四）关于推荐信的小结

推荐信能够提供通过其他方式难以获得的有关申请人的独特信息，因而在国外研究生选拔中使用非常广泛。但是，由于宽容偏差、推荐者一致性信度过低以及评分主观等问题的存在，传统推荐信的预测效度并不理想。标准化推荐信采用结构化的形式收集有关申请人的信息，从而较好地解决了传统推荐信信度过低和评分主观的问题。对于宽容偏差，ETS 推出的 PPI 标准化推荐信系统将通过国家和局部常模锚定、推荐人评价历史即时反馈、推荐人宽严程度校正和推荐人效度校正等方法逐步予以解决。总而言之，标准化推荐信是研究生选拔过程中对申请人非认知因素进行评估的一个极具潜力的发展方向。

六、国外研究生选拔方式对我国研究生复试的启示

上述有关本科成绩、面试以及推荐信等研究生选拔方式在国外的研究与实践对我国研究生复试具有如下几点启示。

（一）重视本科成绩在研究生复试中的应有作用

大量研究表明，本科成绩是多种研究生学业绩效的有效预测变量，而且其预测效度往往大于标准化研究生入学考试成绩。本科 GPA 是对本科四年上百学分、数十门课程学业绩效的综合反映，是几十名评委在多种背景下对学生的多维评价。与单次研究生入学考试相比，本科成绩对考生学业能力乃至综合素质的反映可能更为稳定。然而，在我国研究生复试中，本科成绩并未受到重视。因此，应该在我国研究生复试中切实提高本科成绩的地位，发挥其在研究生选拔中应有的重要作用。而且，在研究生复试中强调对本科成绩的重视还有助于提高考生的整体质量。研究生选拔对本科

教学具有强烈的导向作用。据教育部统计，每年有将近40%的本科生加入到考研行列之中[109]。在研究生复试中加大对本科成绩的重视，有助于缓解当前考研严重冲击本科教学的现状，而且长此以往，将有助于提高考生的整体素质。

(二)提高录取面试的结构化程度

关于研究生录取面试效度研究的文献回顾令人震惊，大量研究表明，研究生录取面试的预测效度非常低。人事选拔领域结构化面试的大量成功以及研究生选拔中非结构化面试的普遍失败表明，录取面试过低的结构化程度很可能是造成其效度低下的根本原因。就我国的研究生面试实践而言，面试是所有招生机构都采用的复试方式，无论是研究生招生机构还是考生都为此投入了大量的时间和资源。但是，录取面试缺乏前期研究、评价指标不科学、面试问题随意、评分标准含糊以及评委缺乏必要培训等非结构化的特征非常明显。此外，我国研究生面试占复试成绩的权重相当大，各招生机构中面试成绩占复试成绩的权重从30% ~80%[22]；而且，面试涉及的考生人数众多，以2010年为例，研究生招生人数约为46.5万[110]，按照教育部规定的120%左右的差额面试比例计算，2010年全国研究生招生机构面试的考生达56万人之多。因此，加强面试的结构化程度成为提高我国研究生录取面试有效性的当务之急。具体而言，应当在我国研究生复试中，基于研究生胜任特征设计面试内容和题目、采用行为锚定量表进行评分、对面试评委进行相应培训，从而不断提高面试的结构化程度，进而提高复试面试的科学性和有效性。

(三)引入标准化推荐信加强对考生非认知因素的考查

研究领域和实践领域均已达成共识，研究生选拔的过程应该既包括对申请人认知特征的测量，也包括对其非认知特征的评估。非认知因素之所以对于研究生的成功也至关重要，是因为人格、态度和动机等非认知因素引导着研究生在智力活动和情境中的选择、努力程度及其坚持性水平。在我国研究生选拔实践中，对于考生非认知因素进行评价的主要方式是面试。然而，并不是所有的非认知因素都可以通过面试的方式予以测评。作为评估研究生申请人非认知因素的重要方式，推荐信可以提供通过其他选拔方式难以获取的独特信息，因而在国外研究生选拔中被广泛使用。已有研究表明，传统推荐信的预测效度并不理想，而以首个在高等教育选拔领域中大规模使用的非认知因素的测量指标 PPI 为代表的标准化推荐信较好地解决了传统推荐信所存在的部分问题，并为其他问题的解决提出了切实可行的方案。就我国的研究生招生实践而言，对推荐信的要求并不普及，即使有学校要求，也往往被列为“自愿提交”资料[111]，或者只要求免试攻读、同等学力、申请破格复试以及单独考试等特定类型的考生提交[112-117]。就推荐信的具体形式而言，大多数招生机构接受传统形式的推荐信，也有个别机构自行设计了标准化的推荐信[117]。对于考生提交的推荐信，由于招生单位重视不够以及有效评分方法的缺失等原因，而最终使得推荐信这一考察方式未能发挥实质性的作用。国外标准化推荐信的研究与实践、特别是 PPI 标准化推荐信系统给我们启示，应该在我国研究生复试中逐步探索标准化推荐信的具体内容和形式，从而加强对考生非认知因素的有效评估。

(四)加强对我国研究生复试的实证研究

由于我国有关研究生复试实证研究的匮乏，本书对国外研究生选拔中几种主要方式的大量实证研究进行了综述。然而，考虑到我国研究生招生选拔具有其独特性，国外研究生选拔领域的研究结论究竟在多大程度上适用于我国研究生复试的实践，仍需在进一步的本土研究中予以验证。加强对我国研究生复试的实证研究，系统收集复试阶段基于不同考察方式获得的预测变量以及研究生录取后的各种效标变量，检验现行各种复试方式的有效性并逐步探索新的有效的评估方式，是提高我国研究生复试科学性和有效性的必由之路。

参考文献

第一章

[1] 教育部高校学生司. (2004). 1977—2003 年全国研究生招生工作文件选编(上下册). *北京:北京航空航天大学出版社*.

[2] 教育部. (2006). 教育部关于加强硕士研究生招生复试工作的指导意见. *中华人民共和国教育部公报,9* .

[3] Busato, V. V. , Prins, F. J. , Elshout, J. J. , & Hamaker, C. (2000). Intellectual ability, learning style, personality, achievement motivation and academic success of psychology students in higher education. *Personality and Individual Differences, 29* (6), 1057-1068.

[4] Noftle, E. E. , & Robins, R. W. (2007). Personality predictors of academic outcomes: Big five correlates of GPA and SAT scores. *Journal of personality and social psychology, 93* (1), 116.

[5] O'Connor, M. C. , & Paunonen, S. V. (2007). Big Five personality predictors of post-secondary academic performance. *Personality and Individual Differences, 43* (5), 971-990.

[6] Shiner, R. L. , Masten, A. S. , & Roberts, J. M. (2003). Childhood personality foreshadows adult personality and life outcomes two decades later. *Journal of Personality, 71* (6), 1145-1170.

[7] Ackerman, P. L. , & Heggestad, E. D. (1997). Intelligence, personality, and interests: Evidence for overlapping traits. *Psychological Bulletin, 121* (2), 219.

[8] De Fruyt, F. , & Mervielde, I. (1996). Personality and interests as predictors of educational streaming and achievement. *European Journal of Personality, 10* (5), 405-425.

[9] Conard, M. A. (2006). Aptitude is not enough: How personality and behavior predict academic performance. *Journal of Research in Personality*, *40* (3), 339-346.

[10] Chamorro-Premuzic, T., & Furnham, A. (2003). Personality traits and academic examination performance. *European Journal of Personality*, *17* (3), 237-250.

[11] 李利飞. (2008). SCL-90 在研究生复试中的信度和效度. *四川教育学院学报*, *24* (11), 23-24.

[12] 苏泉仁, 李宁, & 孙远刚. (2009). 研究生复试中的心理健康测查嵌入. *辽宁师范大学学报：自然科学版*, (1), 115-118.

[13] Ross, L. (1977). The intuitive psychologist and his shortcomings: Distortions in the attribution process. *Advances in Experimental Social Psychology*, *10*, 173-220.

[14] 刘洪珊, & 赵姝明. (2008). 保证硕士研究生复试科学有效的模式设计. *北京航空航天大学学报：社会科学版*, *20* (B12), 52-55.

[15] 杨梅. (2005). 实现研究生复试中主客观标准一致的途径——"评价中心"技术的应用. *北京第二外国语学院学报*, (2), 85-87.

[16] McClelland, D. C. (1973). Testing for competence rather than for "intelligence". *American Psychologist*, *28* (1), 1.

[17] Davies, B., & Ellison, L. (Eds.). (1997). *School leadership for the 21st century: A competency and knowledge approach*. Psychology Press.

[18] Hyland, T. (1994). *Competence, education and NVQs: Dissenting perspectives*. London: Cassell.

[19] Kaslow, N. J. (2004). Competencies in professional psychology. *American Psychologist*, *59* (8), 774.

[20] Burgoyne, J. G. (1993). The competence movement: issues, stakeholders and prospects. *Personnel Review*, *22* (6), 6-13.

[21] Bates, I. (1995). The competence movement and the National Vocational Qualification framework: The widening parameters of research. *British*

Journal of Education and Work, *8* (2),5-13.

[22] Campbell, J. P. (1990). An overview of the army selection and classification project (Project A). *Personnel Psychology*, *43* (2),231-239.

[23] Kyllonen, P., Walters, A. M., & Kaufman, J. C. (2005). Noncognitive constructs and their assessment in graduate education: A review. *Educational Assessment*, *10* (3),153-184.

[24] Bartram, D. (2005). The Great Eight competencies: A criterion-centric approach to validation. *Journal of Applied Psychology*, *90* (6),1185.

[25] SCANS Commission. (1991). What work requires of schools: A SCANS Report for America 2000. *Washington, DC: The Secretary's Commission on Achieving Necessary Skills, US Department of Labor.*

[26] Roberts, M. C., Borden, K. A., Christiansen, M. D., & Lopez, S. J. (2005). Fostering a culture shift: Assessment of competence in the education and careers of professional psychologists. *Professional Psychology: Research and Practice*, *36* (4),355.

[27] Kaslow, N. J., Borden, K. A., Collins, F. L., Forrest, L., Illfelder, Kaye, J., Nelson, P. D., & Willmuth, M. E. (2004). Competencies conference: Future directions in education and credentialing in professional psychology. *Journal of Clinical Psychology*, *60* (7),699-712.

[28] Kenkel, M. B. E., & Peterson, R. L. (2010). *Competency-based education for professional psychology.* American Psychological Association.

[29] Rodolfa, E., Bent, R., Eisman, E., Nelson, P., Rehm, L., & Ritchie, P. (2005). A cube model for competency development: Implications for psychology educators and regulators. *Professional Psychology: Research and Practice*, *36* (4),347.

[30] Fouad, N. A., Grus, C. L., Hatcher, R. L., Kaslow, N. J., Hutchings, P. S., Madson, M. B., & Crossman, R. E. et al (2009). Competency benchmarks: A model for understanding and measuring competence in professional psychology across training levels. *Training and Education in Professional Psychology*,

3 (4S),S5.

[31] Epstein, R. M., & Hundert, E. M. (2002). Defining and assessing professional competence. *Jama*, *287* (2),226-235.

[32] American Board of Internal Medicine. (1999) Guide to evaluation of residents in internal medicine. *Phila delphia, PA: American Board of Internal Medicine.*

[33] Lindner, J. R., & Dooley, K. E. (2002). Agricultural education competencies and progress toward a doctoral degree. *Journal of Agricultural Education*, *43* (1),57-68.

[34] Moon, Y. L. (2007). Education reform and competency-based education. *Asia Pacific Education Review*, *8* (2),337-341.

[35] Boyle, E. L. (2007). Competency-based education approach endorsed by US medical schools. *Ocular Surgery News*, *25* (03),30-32.

[36] Berger, E. K. (2005). Competency-based education. *Contemporary Oral Hygiene*, *5* (09),11-12.

[37] Brownell, J., & Chung, B. G. (2001). The management development program: A competency-based model for preparing hospitality leaders. *Journal of Management Education*, *25* (2),124-145.

[38] Conley, D. (1999). *Statewide strategies for implementing competency-based admissions standards.* Denver, CO: State Higher Education Executive Officers & ACT.

[39] Sandrock, P. (1995). Competency-based admission: A Project of the University of Wisconsin system. *ADFL Bulletin*, *26* (3),55-57.

[40] Sherman, J. C., & Scrima, D. P. (1997). Competency-Based Admissions Standards in Washington: A Status Report.

[41] Educational Resources Information Center (U. S.). (1999). *Moving toward competency-based admissions a northeast regional symposium* (*New Hamsphere*, *October* 22, 1998). Boston, MA: Washington, DC: Jobs for the Future; U. S. Dept. of Education, Office of Educational Research and Improvement,

Educational Resources Information Center.

[42] Beach, P. S., Bar-on, M., Baldwin, C., Kittredge, D., Trimm, R. F., & Henry, R. (2009). Evaluation of the use of an interactive, online resource for competency-based curriculum development. *Academic Medicine*, *84* (9), 1269-1275.

[43] Paranhos, V. D., & Mendes, M. M. R. (2010). Competency-based curriculum and active methodology: Perceptions of nursing students. *Revista Latino-americana de Enfermagem*, *18* (1), 109-115.

[44] Litzelman, D. K., & Cottingham, A. H. (2007). The new formal competency-based curriculum and informal curriculum at Indiana University School of Medicine: Overview and five-year analysis. *Academic Medicine*, *82* (4), 410-421.

[45] Elman, N. S., Illfelder-Kaye, J., & Robiner, W. N. (2005). Professional development: Training for professionalism as a foundation for competent practice in psychology. *Professional Psychology: Research and Practice*, *36* (4), 367.

[46] Jippes, E., van Engelen, J. M., Brand, P. L., & Oudkerk, M. (2010). Competency-based (CanMEDS) residency training programme in radiology: Systematic design procedure, curriculum and success factors. *European Radiology*, *20* (4), 967-977.

[47] Smith, E. (2010). A review of twenty years of competency-based training in the Australian vocational education and training system. *International Journal of Training and Development*, *14* (1), 54-64.

[48] Smith, M. L., Sharp, R. R., Weise, K., & Kodish, E. (2010). Toward competency-based certification of clinical ethics consultants: A four-step process. *The Journal of Clinical Ethics*, *21* (1), 14.

[49] Reilly, R. R. (1976). Factors in graduate student performance. *American Educational Research Journal*, *13* (2), 125-138.

[50] Enright, M. K., & Gitomer, D. H. (1989). *Toward a description of successful graduate students* (GRE Board Professional Rep. No. 89-09, GRE Board

Research Rep. 85-17R). Princeton,NJ:Educational Testing Service.

[51]Kuncel,N. R. ,Hezlett,S. A. ,& Ones,D. S. (2001). A comprehensive meta-analysis of the predictive validity of the graduate record examinations: Implications for graduate student selection and performance. *Psychological bulletin*, *127* (1),162.

[52]Reeve,C. L. ,& Hakel,M. D. (2001). Criterion issues and practical considerations concerning noncognitive assessment in graduate admissions. In *Symposium conducted at the meeting of Noncognitive Assessments for Graduate Admissions,Graduate Record Examinations Board,Toronto,Ontario.*

[53] Hilton,T. L. ,Kendall,L. M. ,& Sprecher,T. B,(1970). *Performance criteria in graduate business study:Development of rating scales,background data form and the pilot study.*

[54]Crooks,L. A. ,Campbell,J. T. ,& Rock,D. A. (1979). Final report: Predicting career progress of graduate students in management. *Educational Testing Service.*

[55]Flanagan,J. C. (1954). The critical incident technique. *Psychological Bulletin*,*51* (4),327.

[56] Walpole,M. B,Burton,N. W. ,Kanyi K. ,& Jackenthal,A. (2002). Selecting successful graduate students:In-depth interviews with GRE ® Users. *Research Report-Educational Testing Service Princeton Rr*, (8).

[57]Walters,A. M. ,Kyllonen,P. C. ,& Plante,J. W. (2006). Developing a standardized letter of recommendation. *Journal of College Admission*,*191* ,9.

[58] ETS. (2009). ETS ® Personal Potential Index .

[59] Liu, O. L. , Minsky, J. , Ling, G. , & Kyllonen, P. (2007). The Standardized Letter of Recommendation: Implications for Selection. *Research Report-Educational Testing Service Princeton Rr*, 7.

[60]Kim,S. ,& Kyllonen,P. C. (2007). Rasch measurement in developing faculty ratings of students applying to graduate school. *Journal of Applied Measurement*,*9* (2),168-181.

[61] Kyllonen, P. C. (2008). *The research behind the ETS personal potential index* (PPI). Princeton, NJ: ETS.

[62] Dunnette M. D., Hough L. M.. (1990). *Handbook of industrial and organizational psychology*. Palo Alto, CA; Consulting Psychologists Press. 687-732.

[63] Spencer, L. M., & Spencer, S. M. (1993) *Competence at work: Models for superior performance*. 1993. New York: John Wiley & Sons Inc.

[64] Kuncel, N. R., Campbell, J. P., Hezlett, S. A., & Ones, D. S. (2001). Performance in college: The criterion problem. In *DS Ones & SA Hezlett (Chairs), Predicting performance: The interface of I/O psychology and educational research. Symposium presented at the annual conference of the Society for Industrial and Organizational Psychology, San Diego, CA.*

第二章

[1] Joiner, D. A. (2000). Guidelines and ethical considerations for assessment center operations international task force on assessment center guidelines. *Public Personnel Management*, *29* (3), 315-332.

[2] Rupp, D. E., Snyder, L. A., Gibbons, A. M., & Thornton III, G. C. (2006). What should developmental assessment centers be developing? *The Psychologist-Manager Journal*, *9* (2), 75.

[3] Bray, D. O., & Grant, D. O. (1966). The assessment center in the measurement of potential for business management. *Psychological Monographs: General and Applied*, *80* (17), 1.

[4] Howard, A. (1997). A reassessment of assessment centers: Challenges for the 21st century. *Journal of Social Behavior & Personality.*, 12(5), 13-52.

[5] Gaugler, B. B., Rosenthal, D. B., Thornton, G. C., & Bentson, C. (1987). Meta-analysis of assessment center validity. *Journal of Applied Psychology*, *72* (3), 493.

[6] Schmidt, F. L., & Hunter, J. E. (1998). The validity and utility of selection methods in personnel psychology: Practical and theoretical implications of 85 years of research findings. *Psychological Bulletin*, *124* (2), 262.

[7] Hunter, J. E. , & Hunter, R. F. (1984). Validity and utility of alternative predictors of job performance. *Psychological Bulletin*, *96* (1), 72.

[8] Chan, D. (1996). Criterion and construct validation of an assessment centre. *Journal of Occupational and Organizational Psychology*, *69* (2), 167-181.

[9] Goffin, R. D. , Rothstein, M. G. , & Johnston, N. G. (1996). Personality testing and the assessment center: Incremental validity for managerial selection. *Journal of Applied Psychology*, *81* (6), 746.

[10] Spychalski, A. C. , Quiñones, M. A. , Gaugler, B. B. , & Pohley, K. (1997). A survey of assessment center practices in organizations in the United States. *Personnel Psychology*, *50* (1), 71-90.

[11] American Educational Research Association, American Psychological Association, National Council on Measurement in Education, Joint Committee on Standards for Educational, & Psychological Testing (US). (1999). Standards for educational and psychological testing.

[12] Iles, P. , & Forster, A. (1994). Developing organizations through collaborative development centers. *Organization Development Journal*.*12* (2), 45 – 51.

[13] Joiner, D. A. (2002). Assessment centers: What's new? *Public Personnel Management*, *31* (2), 179-185.

[14] Ballantyne, I. , & Povah, N. (2004). *Assessment and development centres*. Gower Publishing, Ltd.

第三章

一

[1] Shippmann, J. S. , Ash, R. A. , Batjtsta, M. , Carr, L. , Eyde, L. D. , Hesketh, B. , & Sanchez, J. I. et. al(2000). The practice of competency modeling. *personnel psychology*, *53* (3), 703-740.

[2] Hayes, J. L. (1979). A new look at managerial competence: The AMA model of worthy performance. *Management Review*, *68* (11), 2-3.

[3] Zemke, R. (1982). Job competencies: Can they help you design better training? *Training*. , *19* (5): 28-31.

[4] Spencer, L. M. & Spencer, S. M. (1993). *Competence at work: Models for superior performance*. New York: John Wiley & Sons, Inc.

[5] Sandberg, J. (2000). Understanding human competence at work: An interpretative approach. *Academy of Management Journal*, *43* (1), 9-25.

[6] McClelland, D. C. (1973). Testing for competence rather than for "intelligence". *American Psychologist*, *28* (1), 1.

[7] 王继承. (2004). 谁能胜任——胜任模型及使用. *北京: 中国财政经济出版社*.

[8] Mansfield, R. S. (1996). Building competency models: Approaches for HR professionals. *Human Resource Management*, *35* (1), 7-18.

[9] Mclagan P. A. (1980). Competency model. *Training & Development Journal*, 34(12), 18-24.

[10] Mirabile R. J. (1997). Everything you want to know about competency modeling. *Journal of Training and Development*, 51, 73-77.

[11] Flanagan, J. C. (1954). The critical incident technique. *Psychological Bulletin*, *51* (4), 327.

[12] Dailey, C. A. (1971). *Assessment of lives: Personality evaluation in a bureaucratic society*. New York: John Wiley & Sons Inc.

[13] McClelland, D. C. (1998). Identifying competencies with behavioral-event interviews. *Psychological Science*, *9* (5), 331-339.

[14] Boyatzis, R. E., & Royatzis, R. (1982). *The competent manager: A model for effective performance* (Vol. 49). New York: *John Wiley & Sons Inc.*

[15] Motowidlo, S. J., Carter, G. W., Dunnette, M. D., Tippins, N., Werner, S., Burnett, J. R., & Vaughan, M. J. (1992). Studies of the structured behavioral interview. *Journal of Applied Psychology*, *77* (5), 571.

[16] 彭剑锋. (2007). 人力资源管理概论. 上海: *复旦大学出版社, 250.*

[17] 仲理峰, & 时勘. (2004). 家族企业高层管理者胜任特征模型. *心理学报*, *36* (1), 110-115.

[18] 徐建平. (2004). 教师胜任力模型与测评研究. *北京师范大学博士*

学位论文.

[19]王大超,王芳,王欣丽,& 时勘.(2008).大学生成功求职胜任特征模型初步研究.*长春理工大学学报*,89－92.

[20]颜立.(2008).研究型大学硕士研究生胜任特征模型的构建.*西南大学硕士学位论文*.

[21]彭长桂,& 张剑.(2007).国内胜任特征研究进展及评价.*科研管理*,*27*(6),62-67.

[22]时勘,王继承,& 李超平.(2002).企业高层管理者胜任特征模型评价的研究.*心理学报*,*34*(3),306-311.

二

[1] 马秋武.(2005).是语言能力;还是非语言能力?——外语专业教学中的问题与对策.*中国外语*,*2*(2),8-12.

[2] 孙玉华.(2008).改革外语专业研究生培养模式浅见.*中国高等教育*,(13),47-49.

[3] 张绍杰,& 杨忠.(2009).外语学科博士研究生教育:问题与对策.*中国外语*,*1*.

[4] 潘亚玲.(2008).我国外语专业学生跨文化能力培养实证研究.*中国外语*,*4*.

[5] 雷术海.(2008).高校外语专业学生语言学习策略应用研究.*河南职业技术师范学院学报:职业教育版*,(4),88-91.

[6] 王雪梅.(2007).英语专业研究生学术能力的认知情感阐释与多维发展研究.*上海外国语大学硕士学位论文*.

[7] 陈新仁,& 许钧.(2003).创新型外语人才的理念与内涵——调查与分析.*外语界*,(4),2-6.

[8]颜立.(2008).研究型大学硕士研究生胜任特征模型的构建.*西南大学硕士学位论文*.

[9]Arnold,J.,& Brown,D.(1999).A map of the terrain. *Affect in Language Learning*,1-24.

[10] 胡鸿雁,段红萍,& 蒋果君.(2005).自信心与英语学习成绩的相关

性. *衡阳师专学报*, *23* (4), 118-120.

[11] 来婷婷, & 杨东. (2009). IT 大学生的胜任特征. *软件工程师*, (3), 62-66.

[12] 毛晋平. (2002). 成就目标理论与大学生的学习动机. *湖南师范大学教育科学学报*, *1* (2), 113-116.

三

[1] McClelland, D. C. (1998). Identifying competencies with behavioral-event interviews. *Psychological Science*, *9* (5), 331-339.

[2] Spencer, L. M. & Spencer, S. M. (1993). *Competence at work: Models for superior performance*. New York: John Wiley & Sons, Inc.

[3] 颜立. (2008). 研究型大学硕士研究生胜任特征模型的构建. *西南大学硕士学位论文*.

四

[1] 时勘, 王继承, & 李超平. (2002). 企业高层管理者胜任特征模型评价的研究. *心理学报*, *34* (3), 306-311.

六

[1] 颜立. (2008). 研究型大学硕士研究生胜任特征模型的构建. *西南大学硕士学位论文*.

七

[1] Spenser, L. M., & Spenser, S. M. (1993). *Competence at work: Models for superior performance*. New York: John Wiley & Sons, Inc.

[2] 孙晓敏, & 薛刚. (2012). 国外研究生选拔方式对我国研究生复方式的启示. 北京大学教育评论, 10(1), 165-186.

第四章

[1] 杨晨光. (2010). 严寒冬日, 140 万人走进考场——2010 年全国硕士研究生入学考试分析. *中国教育报*

[2] Schmitt, N., Keeney, J., Oswald, F. L., Pleskac, T. J., Billington, A. Q., Sinha, R., & Zorzie, M. (2009). Prediction of 4-year college student performance using cognitive and noncognitive predictors and the impact on demographic status

of admitted students. *Journal of Applied Psychology*, *94* (6), 1479.

[3] Norcross, J. C., Kohout, J. L., & Wicherski, M. (2006). Graduate admissions in psychology: The application process. *Eye on Psi Chi*, *10* (2), 28-29.

[4] Briihl, D. S., & Wasieleski, D. T. (2004). A survey of master's-level psychology programs: Admissions criteria and program policies. *Teaching of Psychology*, *31* (4), 252-256.

[5] Evans, P., & Wen, F. K. (2007). Does the medical college admission test predict global academic performance in osteopathic medical school? *JAOA: Journal of the American Osteopathic Association*, *107* (4), 157-162.

[6] Reisig, M. D., & DeJong, C. (2005). Using GRE scores and prior GPA to predict academic performance among criminal justice graduate students. *Journal of Criminal Justice Education*, *16* (1), 37-59.

[7] Crooks, Lois A., Campbell, Joel T., & Rock, Donald A. (1979). *Predicting career progress of graduate students in management*. Princeton, NJ.: Educational Testing Service.

[8] Thomas, L. L., Kuncel, N. R., & Credé, M. (2007). Noncognitive variables in college admissions. The case of the non-cognitive questionnaire. *Educational and Psychological Measurement*, *67* (4), 635-657.

[9] Sedlacek, W. E. (2004). *Beyond the big test: Noncognitive assessment in higher education*. San Francisco: Jossey-Bass.

[10] Trapmann, S., Hell, B., Hirn, J. O. W., & Schuler, H. (2007). Meta-analysis of the relationship between the Big Five and academic success at university. *Journal of Psychology*, *215* (2), 132-151.

[11] Ackerman, P. L. (1996). A theory of adult intellectual development: Process, personality, interests, and knowledge. *Intelligence*, *22* (2), 227-257.

[12] Kuncel, N. R., Hezlett, S. A., & Ones, D. S. (2001). A comprehensive meta-analysis of the predictive validity of the graduate record examinations: Implications for graduate student selection and performance. *Psychological Bulletin*, *127* (1), 162.

[13] Ferenchak, G. J. (2009). *Cognitive and noncognitive variables that predict Florida community college radiography program graduates' success on the Registry* Doctoral dissertation, Florida International University.

[14] Halberstam, B., & Redstone, F. (2005). The Predictive Value of Admissions Materials on Objective and Subjective Measures of Graduate School Performance in Speech-Language Pathology. *Journal of Higher Education Policy and Management*, *27* (2), 261-272.

[15] Kyllonen, P. C., Walters, A. M., & Kaufman, J. C. (2005). Noncognitive constructs and their assessment in graduate education: A review. *Educational Assessment*, *10* (3), 153-184.

[16] 教育部.(2006).教育部关于加强硕士研究生招生复试工作的指导意见[Z].*中华人民共和国教育部公报*,*9*.

[17]湖南大学.(2010).湖南大学2010年硕士研究生招生复试工作.

[18]南开大学.(2010).南开大学2010年硕士研究生复试办法.

[19]北京交通大学.(2010).北京交通大学2010年学术型硕士研究生招生简章.

[20]中国人民大学.(2010).中国人民大学2010年招收攻读硕士学位招生简章.

[21] 滕朝阳.(2007).研究生复试的双重弹性.*教育*,(03S),19-19.

[22] 刘洪彪,& 殷晓飞.(2006).结构化面试在研究生复试中的应用研究.*黑龙江高教研究*,(3),115-117.

[23] Kogan, L. R. (2002). *A comparison of subjective and objective procedures in the admissions process of veterinary students*. Doctoral dissertation, Colorado State University.

[24] Walpole, M. B., Burton, N. W., Kanyi, K, et al. (2002). *Princeton, NJ: Educational Testing Service.*

[25] Puryear, J. B., & Lewis, L. A. (1981). Description of the interview process in selecting students for admission to US medical schools. *Academic Medicine*, *56* (11), 881-5.

[26] Asher, J. J. (1972). The biographical item: Can it be improved? 1, 2. *Personnel Psychology*, *25* (2), 251-269.

[27] Oswald, F. L., Schmitt, N., Kim, B. H., Ramsay, L. J., & Gillespie, M. A. (2004). Developing a biodata measure and situational judgment inventory as predictors of college student performance. *Journal of Applied Psychology*, *89* (2), 187.

[28] Schmitt, N., Oswald, F. L., Kim, B. H., Gillespie, M. A., Ramsay, L. J., & Yoo, T. Y. (2003). Impact of elaboration on socially desirable responding and the validity of biodata measures. *Journal of Applied Psychology*, *88* (6), 979.

[29] Cullen, M. J., Sackett, P. R., & Lievens, F. (2006). Threats to the operational use of situational judgment tests in the college admission process. *International Journal of Selection and Assessment*, *14* (2), 142-155.

[30] Peeters, H., & Lievens, F. (2005). Situational judgment tests and their predictiveness of college students' success: The influence of faking. *Educational and Psychological Measurement*, *65* (1), 70-89.

[31] Bergman, M. E., Drasgow, F., Donovan, M. A., Henning, J. B., & Juraska, S. E. (2006). Scoring situational judgment tests: Once you get the data, your troubles begin. *International Journal of Selection and Assessment*, *14* (3), 223-235.

[32] Ziegler, M., Schmidt-Atzert, L., Buhner, M., & Krumm, S. (2007). Fakability of different measurement methods for achievement motivation: Questionnaire, semi-projective, and objective. *Psychology Science*, *49* (4), 291.

[33] Ziegler, M., Schmukle, S., Egloff, B., & Bühner, M. (2010). Investigating measures of achievement motivation (s). *Journal of Individual Differences*, *31* (1), 15-21.

[34] Rothermund, K., & Wentura, D. (2004). Underlying processes in the implicit association test: Dissociating salience from associations. *Journal of Experimental Psychology: General*, *133* (2), 139.

[35] Fiedler, K., Messner, C., & Bluemke, M. (2006). Unresolved problems

with the "I", the "A", and the "T": A logical and psychometric critique of the Implicit Association Test (IAT). *European Review of Social Psychology*, *17* (1), 74-147.

[36] James, L. R. (1998). Measurement of personality via conditional reasoning. *Organizational Research Methods*, *1* (2), 131-163.

[37] LeBreton, J. M., Barksdale, C. D., Robin, J., & James, L. R. (2007). Measurement issues associated with conditional reasoning tests: Indirect measurement and test faking. *Journal of Applied Psychology*, *92* (1), 1.

[38] Ferguson, E., Sanders, A., O'Hehir, F., & James, D. (2000). Predictive validity of personal statements and the role of the five-factor model of personality in relation to medical training. *Journal of Occupational and Organizational Psychology*, *73* (3), 321-344.

[39] Powers, D. E., & Fowles, M. E. (1997). The personal statement as an indicator of writing skill: A cautionary note. *Educational assessment*, *4* (1), 75-87.

[40] Murphy S. C., Klieger D. M., Borneman M. J., et al. (2009). The predictive power of personal statements in admissions: A meta-analysis and cautionary tale. *College and University*, *84* (4), 83.

[41] Landrum, R. E., & Clark, J. (2005). Graduate admissions criteria in Raduate Admissions Criteria In Psychology: An Update 1. *Psychological Reports*, *97* (2), 481-484.

[42] Kirchner, G. L., Stone, R. G., & Holm, M. B. (2001). Use of admission criteria to predict performance of students in an entry-level master's program on fieldwork placements and in academic courses. *Occupational Therapy in Health Care*, *13* (1), 1-10.

[43] Nunnery, M. Y., & Aldmon, H. F. (1964). Undergraduate grades as indicators of success in master's degree programs in education. *The Personnel and Guidance Journal*, *43* (3), 280-286.

[44] Zwick, R. (1993). The validity of the GMAT for the prediction of grades in doctoral study in business and management: An empirical Bayes

approach. *Journal of Educational and Behavioral Statistics*, *18* (1),91-107.

[45] Truell, A. D., Zhao, J. J., Alexander, M. W., & Hill, I. B. (2006). Predicting final student performance in a graduate business program: The MBA. *Delta Pi Epsilon Journal*, *48* (3). 144-52.

[46] Rubio, D. M., Rubin, R. S., & Brennan, D. G. (2003). How well does the GRE work for your university? An empirical institutional Case study of the graduate record examination across multiple disciplines. *College and University*, *78* (4),11-17.

[47] Christensen, L. M. (2009). Enhancing law school success: A study of goal orientations, academic achievement and the declining self-efficacy of our law students. *Law & Psychol. Rev.*, *33*, 57.

[48] Onasch, C. (1994). Undergraduate grade point average and graduate record examination scores as predictors of the length of enrollment in completing a master of science degree ED 375,739.

[49] Kulatunga Moruzi, C., & Norman, G. R. (2002). Validity of admissions measures in predicting performance outcomes: The contribution of cognitive and non-cognitive dimensions. *Teaching and Learning in medicine*, *14* (1), 34-42.

[50] Paolillo, J. G. (1982). The predictive validity of selected admissions variables relative to grade point average earned in a master of business administration program. *Educational and Psychological Measurement*, *42* (4), 1163-1167.

[51] Ragothaman, S., Carpenter, J., & Davies, T. (2009). An empirical investigation of MPA student performance and admissions criteria. *College Student Journal*, *43* (3).

[52] Brown-Hendershott, E. A. (2008). *Admissions criteria as predictors of academic success in first-and second-year osteopathic medical students*. ProQuest.

[53] Jongdae J., Sun-Kook K., Yun J. K. (2004). Predictors of student performance in the accounting master's program. *Journal of Accounting & Finance Research*, 12(4), 71-9.

[54] Wiley, A., & Koenig, J. A. (1996). The validity of the Medical College Admission Test for predicting performance in the first two years of medical school. *Academic Medicine*, *71* (10), S83-5.

[55] Fine, B. (2010). Barron's educational series. Barron's Profiles of American Colleges. 29 edition.

[56] Carnegie Foundation for the Advancement of Teaching. (1994). *A classification of institutions of higher education.* Jossey-Bass Inc Pub.

[57] Hall, F. R., & Bailey, B. A. (1992). Correlating students' undergraduate science GPAs, their MCAT scores, and the academic caliber of their undergraduate colleges with their first-year academic performances across five classes at Dartmouth Medical School. *Academic Medicine*, *67* (2), 121-3.

[58] Jones, R. F., & Thomae-Forgues, M. (1984). Validity of the MCAT in predicting performance in the first two years of medical school. *Academic Medicine*, *59* (6), 455-64.

[59] Sarnacki, R. E. (1982). The predictive value of the premedical grade-point average. *Academic Medicine*, *57* (3), 163-169.

[60] Clapp, T. T., & Reid, J. C. (1976). Institutional selectivity as a predictor of applicant selection and success in medical school. *Academic Medicine*, *51* (10), 850-2.

[61] Blue, A. V., Gilbert, G. E., Elam, C. L., & Basco Jr, W. T. (2000). Does institutional selectivity aid in the prediction of medical school performance? *Academic Medicine*, *75* (10), S31-S33.

[62] Walton, H. J. (1987). Personality assessment of future doctors: Discussion paper. *Journal of the Royal Society of Medicine*, *80* (1), 27.

[63] Agho, A. O., Mosley, B. W., & Smith-Paul, B. (1998). Use of the interview in selecting students for occupational therapy programs. *The American Journal of Occupational Therapy*, *52* (7), 592-594.

[64] Arce-Ferrer, A. J., & Castillo, I. B. (2007). Investigating postgraduate college admission interviews generalizability theory reliability and incremental

predictive validity. *Journal of Hispanic Higher Education*, *6* (2),118-134.

[65] Gabard, D. L., Porzio, R., Oxford, T., & Braun, R. (1997). Admission interviews: Questions of utility and cost in Masters of Physical Therapy programs in the United States. *Physiotherapy Research International*, *2* (3),135-149.

[66] Kelman, E. G. (1982). Predicting success in veterinary medical college. *Journal of veterinary medical education* (*USA*).

[67] Smith, S. R., Vivier, P. M., & Blain, A. L. (1986). A comparison of the first-year medical school performances of students admitted with and without interviews. *Academic Medicine*, *61* (5),404-6.

[68] Goho, J., & Blackman, A. (2006). The effectiveness of academic admission interviews: An exploratory meta-analysis. *Medical Teacher*, *28* (4),335-340.

[69] Smith, S. R. (1991). Medical school and residency performances of students admitted with and without an admission interview. *Academic Medicine*, *66* (8),474-6.

[70] Bascout F. R., Lancaster, C. J., Gilbert, G. E., Carey, M. E., & Blue, A. V. (2008). Medical school application interview score has limited predictive validity for performance on a fourth year clinical practice examination. *Advances in Health Sciences Education*, *13* (2),151-162.

[71] Kreiter, C. D., Yin, P., Solow, C., & Brennan, R. L. (2004). Investigating the reliability of the medical school admissions interview. *Advances in Health Sciences Education*, *9* (2),147-159.

[72] Huffcutt, A. I., & Arthur, W. (1994). Hunter and Hunter (1984) Revisited: Interview validity for entry-level jobs.

[73] Latham, G. P., & Sue-Chan, C. (1999). A meta-analysis of the situational interview: An enumerative review of reasons for its validity. *Canadian Psychology*, *40* (1),56.

[74] McDaniel, M. A., Whetzel, D. L., Schmidt, F. L., & Maurer, S. D. (1994). The validity of employment interviews: A comprehensive review and

meta-analysis. *Journal of Applied Psychology*, *79* (4),599.

[75] Schmidt, F. L., & Hunter, J. E. (1998). The validity and utility of selection methods in personnel psychology: Practical and theoretical implications of 85 years of research findings. *Psychological Bulletin*, *124* (2),262.

[76] Conway, J. M., Jako, R. A., & Goodman, D. F. (1995). A meta-analysis of interrater and internal consistency reliability of selection interviews. *Journal of Applied Psychology*, *80* (5),565.

[77] Wiesner, W. H., & Cronshaw, S. F. (1988). A meta-analytic investigation of the impact of interview format and degree of structure on the validity of the employment interview. *Journal of Occupational Psychology*, *61* (4), 275-290.

[78] Edwards, J. C., Johnson, E. K., & Molidor, J. B. (1990). The interview in the admission process. *Academic Medicine*, *65* (3),167-77.

[79] Pulakos, E. D., & Schmitt, N. (1995). Experience-based and situational interview questions: Studies of validity. *Personnel Psychology*, *48* (2), 289-308.

[80] Campion, M. A., Palmer, D. K., & Campion, J. E. (1998). Structuring employment interviews to improve reliability, validity, and users' reactions. *Current Directions in Psychological Science*, *7* (3),77-82.

[81] Streyffeler, L., Altmaier, E. M., Kuperman, S., & Patrick, L. E. (2009). Development of a medical school admissions interview phase 2: Predictive validity of cognitive and non-cognitive attributes. *Medical Education Online*, *10*.

[82] Elam, C. L. (1994). The Medical School Admission Interview: Conduct and content. *College and University*, *70* (1).

[83] Johnson, E. K., & Edwards, J. C. (1991). Current practices in admission interviews at US medical schools. *Academic Medicine*, *66* (7),408-12.

[84] Nayer, M. (1992). Admission criteria for entrance to physiotherapy schools: How to choose among many applicants. *Physiother Can*, *44* (3),41-46.

[85] Harasym, P. H., Woloschuk, W., Mandin, H., & Brundin-Mather, R.

(1996). Reliability and validity of interviewers' judgments of medical school candidates. *Academic Medicine*, *71* (1), S40-2.

[86] Foster, C., & Godkin, L. (1998). Employment selection in health care: The case for structured interviewing. *Health care management review*, *23* (1), 46-51.

[87] Range, L. M., Menyhert, A., Walsh, M. L., Hardin, K. N., Ellis, J. B., & Craddick, R. (1991). Letters of recommendation: Perspectives, recommendations, and ethics. *Professional Psychology: Research and Practice*, *22* (5), 389.

[88] Zeleznik, C., Hojat, M., & Veloski, J. (1983). Levels of recommendation for students and academic performance in medical school. *Psychological Reports*, *52* (3), 851-858.

[89] McCarthy, J. M., & Goffin, R. D. (2001). Improving the validity of letters of recommendation: An investigation of three standardized reference forms. *Military Psychology*, *13* (4), 199.

[90] Browning, R. C. (1968). Validity of reference ratings from previous employers. *Personnel Psychology*, *21* (3), 389-393.

[91] Aamodt, M. G. (1999). *Applied industrial/organizational psychology*. Brooks/Cole-Wadsworth.

[92] Sackett, P. R., Zedeck, S., & Fogli, L. (1988). Relations between measures of typical and maximum job performance. *Journal of Applied Psychology*, *73* (3), 482.

[93] Muchinsky, P. M. (1979). The use of reference reports in personnel selection: A review and evaluation. *Journal of Occupational Psychology*, *52* (4), 287-297.

[94] Reilly, R. R., & Chao, G. T. (1982). validity and fairness of some alternative employee selection procedures1. *Personnel Psychology*, *35* (1), 1-62.

[95] Berman, P. J. (1979). Graduate student selection at the George Washington University. *Clinical Psychologist*.

[96] Vannelli J., Kuncel N. R., Ones D. S. A mixed recommendation for

letters of recommendation. In N. R. Kuncel (Chair), Alternative predictors of academic performance: The glass is half empty. Symposium conducted at the annual meeting of the National Council on Measurement in Education. Chicago, IL. 2007.

[97] Aamodt, M. G., Bryan, D. A., & Whitcomb, A. J. (1993). Predicting performance with letters of recommendation. *Public Personnel Management*, *22*, 81-81.

[98] Schneider A. (2000). Why you can't trust letters of recommendation. *Chronicle of Higher Education*, 46(43), A14-6.

[99] Grote, C. L., Robiner, W. N., & Haut, A. (2001). Disclosure of negative information in letters of recommendation: Writers' intentions and readers' experiences. *Professional Psychology: Research and Practice*, *32* (6), 655.

[100] Loher, B. T., Hazer, J. T., Tsai, A., Tilton, K., & James, J. (1997). Letters of reference: A process approach. *Journal of Business and Psychology*, *11* (3), 339-355.

[101] Baxter, J. C., Brock, B., Hill, P. C., & Rozelle, R. M. (1981). Letters of recommendation: A question of value. *Journal of Applied Psychology*, *66* (3), 296.

[102] Walters, A. M., Kyllonen, P. C., & Plante, J. W. (2006). Developing a standardized letter of recommendation. *Journal of College Admission*, *191*, 9.

[103] Daniel, D. (1990). Validity of a standardized reference checklist. *Applied HRM Research*, *1* (2), 51-66.

[104] Princeton, N. J. (1993). Educational Testing Service. *Policy Evaluation and Research Center.*

[105] ETS. (2009). ETS ® Personal Potential Index.

[106] Liu, O. L., Minsky, J., Ling, G., & Kyllonen, P. (2007). The standardized letter of recommendation: Implications for selection. *Research Report-educational Testing Service Princeton Rr*, *7*.

[107] Kim, S., & Kyllonen, P. C. (2007). Rasch measurement in developing faculty ratings of students applying to graduate school. *Journal of Applied*

Measurement, *9* (2), 168-181.

[108] Kyllonen, P. C. (2008). The research behind the ETS personal potential index (PPI). *Princeton, NJ: ETS.*

[109]新华网.(2006).教育部谈研招改革思路:必须更多地体现因才施考.

[110]教育部教学司.(2009).关于编制2010年硕士研究生招生专业目录的通知.

[111]中国科学院上海有机化学研究所.(2010).2010年硕士研究生复试须知.

[112]南京大学.(2010).南京大学2010年招收攻读硕士研究生复试办法.

[113]北京邮电大学.(2010).北京邮电大学2010年硕士招生报考注意事项.

[114]北京理工大学.(2010).北京理工大学2010年硕士研究生复试基本分数线.

[115]北京大学.(2010).北京大学关于申请和接收2010年推荐免试研究生的说明.

[116]山东大学.(2009).山东大学2010年接收校外推免生工作安排.

[117]复旦大学.(2009).复旦大学2010年接收外校推荐免试硕士生办法.

图书在版编目(CIP)数据

如何有效选拔研究生——人力资源选拔的视角/孙晓敏著.—北京：北京师范大学出版社，2014.6

(京师心理研究书系)

ISBN 978-7-303-14863-9

Ⅰ. ①如… Ⅱ. ①孙… Ⅲ. ①研究生－人才选拔－心理测量－心理学研究－中国 Ⅳ. ①B84

中国版本图书馆 CIP 数据核字（2014）第 078300 号

营销中心电话 010-58802181 58805532

北师大出版社高等教育分社网 http://gaojiao.bnup.com

电子信箱 gaojiao@bnupg.com

RUHE YOUXIAO XUANBA YANJIUSHENG

出版发行：北京师范大学出版社 www.bnup.com

北京新街口外大街 19 号

邮政编码：100875

印 刷：北京京师印务有限公司

经 销：全国新华书店

开 本：160 mm × 230 mm

印 张：12

字 数：177 千字

版 次：2014 年 6 月第 1 版

印 次：2014 年 6 月第 1 次印刷

定 价：48.00 元

策划编辑：何 琳 责任编辑：何 琳

美术编辑：王齐云 装帧设计：王齐云

责任校对：李 菡 责任印制：陈 涛